冷面滑稽大师张幻尔

粉墨百辰纪念

主编 陈继尔

古吴轩出版社

图书在版编目（CIP）数据

冷面滑稽大师张幻尔 / 陈继尔主编. -- 苏州：古吴轩出版社, 2021.10
ISBN 978-7-5546-1776-2

Ⅰ.①冷… Ⅱ.①陈… Ⅲ.①张幻尔 - 纪念文集 Ⅳ.①K825.78-53

中国版本图书馆CIP数据核字（2021）第144398号

责任编辑：俞　都
见习编辑：窦志霞
装帧设计：韩桂丽
责任校对：李　倩　万海娟
责任照排：刘　浩

书　　名：冷面滑稽大师张幻尔
主　　编：陈继尔
出版发行：古吴轩出版社
地址：苏州市八达街118号苏州新闻大厦30F　邮编：215123
电话：0512-65233679　传真：0512-65220750
出 版 人：尹剑峰
印　　刷：苏州市越洋印刷有限公司
开　　本：889 × 1194　1/32
印　　张：4
字　　数：80千字
版　　次：2021年10月第1版　第1次印刷
书　　号：ISBN 978-7-5546-1776-2
定　　价：48.00元

纪念张幻尔粉墨百辰

徐春宏

作为苏州滑稽戏的奠基人、苏派表演艺术的创始人和滑稽戏表演艺术家，他不仅经历了从文明戏到滑稽戏的转化过程，而且为滑稽戏的形成做出了重要贡献。演戏、创作、培育新人，他带领“苏滑”（苏州市滑稽剧团）几经辉煌，成绩卓著，功不可没！这位享誉艺坛的艺术家就是张幻尔（1912—1965）。今年是他的百年诞辰。一代又一代的“苏滑”人都仍在时时思念他，缅怀他！他的精神一直在“苏滑”传承。“这不是张派！”“这是张派！”在排练中，“苏滑”演员们每每会认真地探讨、钻研表演中的艺术细节，传承着苏派表演精神……

张幻尔，字超，曾用艺名惠尔、小影、天儿等，江苏苏州人。张幻尔出身于演艺世家，父亲、叔父、业师均是文明戏的前辈，其父张幻影以擅演马褂滑稽著名。张幻尔自幼得之熏陶，五岁时他在《西太后》一剧中扮演幼年的宣统皇帝，便显露出才能，以说白清晰、动作自如博得众人喝彩。后来，有一位文明戏前辈——张啸天在演出自己的成名作《陆九皋》时突然患病，张幻尔临时替补，演得极其成功，从此崭露头角。此后在上海丽华戏院演出时，张幻尔将此戏改作《疯狂魔王》作为自己的“开场锣鼓打炮戏”连演数月，风靡上海。

张幻尔的表演总的来说属冷面风格，以冷逗笑。但他注意冷热相济，冷中有热，冷中见个性，别具一格。《伪巡长》是上海著名滑稽演员程笑亭的拿手戏，他板着脸，不露笑容，略似国外的“无表情”演员的风格。但张幻尔演伪巡长，却是另辟新路。他认为板着脸不符合生活逻辑，也没有从人物出发，因而他运用自己的冷面风格刻画了伪巡长的愚蠢和冷漠。再如他在《半斤八两》中演老裁缝，先是和妻子大吵大闹，热得很，然后突然问：“剪刀在哪里？”大家都认为他要动武了，气氛骤然紧张。谁知他拿起剪刀冷冷地对妻子说：“把它放好，拿在手里要闯祸的！”热中一冷，逗人发笑。

张幻尔懂得“笑”只是滑稽戏的手段而不是目的。他表演的可贵之处就在于能正确地运用传统去塑造人物。在他四十多年的舞台生涯中，他以独特的艺术风格演活了数十个不同性格的艺术形象，至今为人们所称道，如《苏州两公差》中爱打抱不平的苏州公差张超、《钱笃笤求雨》中醉酒揭榜的钱笃笤、《伪巡长》中色厉内荏的伪巡长、《满意勿满意》中的服务员老张等角色。张幻尔最后留给观众的经典人物形象是电影《满意不满意》（即滑稽戏《满意勿满意》）中的老张，戏虽不多，但同样成功。他不但擅演滑稽戏，而且能演话剧，如《龙须沟》里的程疯子、《钦差大臣》中的假钦差等。他还参加过滑稽戏《糖衣炮弹》《满意勿满意》《勿是生意经》《想想要笑》等的创作，整理并改编了《苏州两公差》《钱笃笤求雨》《伪巡长》《醉鬼王小毛》等传统戏。这些都是他为滑稽戏事业做出的贡献。

1982年，苏州市文联、市文化局为表彰他对滑稽戏事业的贡献，举行了一次隆重的纪念张幻尔七十周年诞辰的演出活动。滑稽界人士都来为他祝寿，赞扬他是一位才华非凡的喜剧表演艺术家。

今年是张幻尔先生一百周年诞辰，我们纪念他、缅怀他、学习他，是为了传承他的精神，让"苏滑"的艺术风范长存，让苏州滑稽戏事业能够再创辉煌，更加绚丽灿烂！

2011年5月1日于姑苏玄妙观

张幻尔与苏州滑稽戏

钱璎　成从武

张幻尔是一位杰出的滑稽戏表演艺术家、优秀的滑稽戏编导，他是苏州市滑稽剧团创始人之一，任第一任团长。

滑稽戏的历史不长，它形成的渊源和发展与文明戏、独脚戏有着不可分割的关系。

苏州是一座有着丰厚文化底蕴的城市，苏州滑稽戏便根植于这片肥沃的土壤中。苏州人乐观开朗的生活情趣为滑稽戏的舞台表演提供了健康亮丽的底色。苏州滑稽戏有着表现现代题材、反映现实生活的特点。

著名戏剧家欧阳予倩在《自我演戏以来》一书中曾写道："文明戏里边的滑稽角色，有些真是即兴喜剧非常好的演员。"张幻尔即是其中之一。

张幻尔的父亲是文明戏的老演员。因受家庭熏陶，幼年时的张幻尔就爱上了文明戏这门艺术。他拜文明戏前辈张啸天为师，十五岁便开始了他的演艺生涯。他不仅是滑稽戏形成的见证人，更是推动文明戏发展为滑稽戏的艺术实践者。他将文明戏的优良传统、技艺融入滑稽戏，从而丰富发展了滑稽戏的表演艺术，并形成了个人独特的艺术风格，受到观众的喜爱。

他遵循生活的真实，并从剧中人物的性格特点出发，正确掌握和运用滑稽戏传统表现手法塑造了不同时代里众多不同的艺术形象。

他注重刻画人物的性格、特点，在人物性格中挖掘笑料，在剧情发展中创作笑料。他认为表演须从内心体验出发，反对挤眉弄眼，反对运用不适当的夸张的动作来博得观众的笑声。他主张出噱头一定要从真实出发，合情合理，要有助于人物性格的深化，并具有一定的思想性和艺术性。要含蓄，要含而不露，不瘟不火，要有幽默感，要让观众在笑声中感悟人生，获得有益的启示。

他继承传统又不为传统所束缚。他紧跟时代的发展不断创新，不重复自己，也不重复他人。有时为了创作一个噱头，他会反复思考好几天。

几十年来，他和张幻梦、叶霞珍、方笑笑、蔡桂芳、范丽娜等人组成了一个志同道合的艺术群体。新中国成立后，他们舍弃了低俗、不健康的舞台表演形式，不断提高滑稽戏的艺术品格，赢得了知识阶层的赞赏，拓宽了受众面。

几十年来，剧团培育了小幻尔等“尔”字辈演员和陆辰生、杜介奇等一批优秀演员。

在张幻尔的领导下，剧团坚持多深入农村去演出，坚持自强不息和团队合作。他们密切联系群众、了解群众、熟悉群众，因而创作的都是贴近时代、贴近现实、贴近群众的剧目，并在长期的艺术实践中不断探索、创新，形成了苏州滑稽戏特有的艺术风格。

1965年，张幻尔因病逝世。他为后人留下了一笔宝贵的精神财富，留下了一批优秀的传统剧目和在全国具有影响力的反映时代风貌的现代戏。遗憾的是，由于当时还没有音像设备，张幻尔表演艺术的珍贵影像资料未能得以保存。同时由于他过早地去世，相关的文字资料也保留得极少。

改革开放以来，苏州市滑稽剧团发展到了一个新阶段，先后涌现了计玉堂、殷雨官、顾月娥和第三代的顾芗、张克勤、章伟刚等优秀演员。其中张克勤是梅花奖获得者，顾芗是三度梅花奖得主。然而他们所走的道路也是艰难的。20世纪80年代初，由于跟不上时代的发展和社会的进步，传统戏曲市场出现了萎缩的局面，剧团处境艰难，濒临解体。但这批滑稽戏艺术的继承者，秉承并发扬苏州滑稽戏优良的传统和作风，果断实行一系列的改革并勇于克服各种困难，坚持艰苦奋斗、勤俭办团、立足市场、品牌立身的方针，在传承优秀传统剧目的基础上不断创新，与时俱进，积极开拓演出阵地，扩大演出区域，足迹遍达十四个省市，最大限度地为人民群众服务，最终赢得了观众，扩大了剧团的影响。

多年来，“苏滑”创作演出的剧目多次荣获国家级、省级的艺术奖项。更令人振奋的是，20世纪80年代中期至今，剧团先后五次五个剧目晋京演出三百余场，两次被邀请进中南海演出，使得苏州市滑稽剧团进入知名剧团的行列。这是滑稽戏前辈做梦也不敢想的事。

现在，我们国家已进入全面建设社会主义现代化的发展阶段。时代在飞速发展，人民的审美需求随着物质生活水平的提升更趋多样化。他们需要高雅的艺术，更需要身心愉悦的“笑”的艺术。我们要自觉地满足人民群众的时代需求，要在努力传承优秀剧目、积极培养新一代滑稽戏继承人的同时，认真挖掘张幻尔表演艺术的精髓，使苏州滑稽戏提升到更佳的水平。

滑稽戏与苏剧、评弹等优秀民间传统艺术一起根植于苏州土壤。它是笑的艺术，是让观众开心的一种戏曲形式；它也可以使观众含着眼泪在笑声中受到启迪和教育。它有着说不清的艺术魅力，具有旺盛的艺术生命力。愿“苏滑”人再接再厉，迎接新的挑战，不断地实现艺术上的创造与超越，以满足人民群众对“笑”的精神文化的需求，为文化苏州的建设添砖加瓦，再做贡献！

2000年8月

目　录

张幻尔传

钱璎　李效尔

张幻尔，字超，曾用艺名惠尔、天儿、小影等。1912年，他出生于苏州乌鹊桥的一个演员家庭。父亲张幻影是文明戏演员，以擅演马褂滑稽闻名，曾与新剧大家欧阳予倩，滑稽大家王无能、张冶儿、倪明星、陆啸梧等同台演出。叔父张幻梦亦是文明戏演员，曾任苏州市滑稽剧团副团长。

张幻尔自幼爱好演戏。1917年，苏州振兴新剧社在阊门外横马路春仙茶园演出新剧《西太后》（欧阳予倩演西太后），他在戏中客串宣统皇帝一角，显露出演戏的天赋与才能。他那稚气的官腔、潇洒的动作，博得众人喝彩。

1927年，张幻尔拜张啸天为师，艺名张天儿。1928年至1932年，他跟随父亲、老师赴汉口、九江、庐山、青岛等地演出，在舞台上已崭露头角。有一次，张啸天在演出他的成名作《陆九皋》时突然患病，无法登台，临时由张幻尔代演难度很高的陆九皋一角。张幻尔时年二十一岁，凭着他的勤奋和悟性，将角色演得惟妙惟肖，非常成功，从此一举成名。此后此剧在上海丽华大戏院演出，改名《疯狂魔王》，连演数月，轰动上海。

1932年，张幻尔首次进军上海。他先加入钟社剧团，出演文明戏（通俗话剧），后与朱翔飞、唐笑飞、包一飞、程笑飞、袁一灵、吕笑峰、杨笑峰、任咪咪等滑稽名家合作演出。特别是“开场锣鼓打炮戏”——《疯狂魔王》，先后在永安公司、神仙世界、新新公司等游乐场上演，张幻尔的名字在上海滩不胫而走。这是张幻尔表演艺术日渐成熟的时期。《钱笃笤求雨》《陆九皋》《半斤八两》《真假将军》《银行小姐》《醉鬼王小毛》《面包侦探》等，均是他在这一段时期的拿手好戏。在上海期间，他还加盟义侠社演出，演员有刘侠声、王君侠等。他在《血溅狮子楼》中主演武松，在《十三妹》中反串十三妹，让观众看到了张幻尔在另一类角色中的表演。据说他的擒拿功夫就是在武侠社练就的。

1937年，“八一三”淞沪抗战爆发，上海市面萧条，堂会冷落。曾经在上海、苏州等地兴盛一时的独脚戏逐渐衰落，艺人生活十分困难。为了生存，他们纷纷重组剧团，租借剧场或去外地演滑稽戏，并将独脚戏化为多脚戏，新创剧种。如张冶儿新创了什锦滑稽歌剧，易方朔新创了滑稽京剧，还有人则把独脚戏段子串成滑稽戏演出，如《小山东到上海》《七十二家房客》《三毛学生意》《火烧豆腐店》等。

1938年，张幻尔返回苏州，以他的影响力邀请了筱咪咪、大娃娃、胡化魂等滑稽名家组建璇宫话剧团，自任团长。他继承文明戏和趣剧的衣钵，同时受独脚戏的影响，并在此基础上不断进行艺术创造和发展。如在苏州青年路北局书场演出《济公活佛》，他新创的空中电光斗剑、当场出彩等机关布景，使该戏以一种新形式出现。

璇宫剧团除在苏州、无锡、常州等地演出外，还去杭州、嘉兴、湖州一带水路码头演出。抗战时期，生活艰苦，在他的带领下，三十多名演员勉强维持了生计。那时在码头上演出，经常会遇到地痞流氓、伪军的敲诈勒索，这些人甚至会欺辱女演员。张幻尔总是挺身而出，巧妙周旋保护演员。如1944年，一次在塘栖镇演出，夜戏毕，忽听枪声大作，原来是湖州长兴太湖水域游击队伏击日本军。就在那时，他认识了游击队司令王刚。后来剧团到湖州演出，当地有一伪军营长前来看戏，看中剧团花旦沈海霞，硬要拉去做他的姨太太。张幻尔拍着桌子，指着他的鼻子大声说："你是什么东西？你是营长，我还是团长呢！你知道不知道我是太湖游击队王刚司令的老朋友！"这营长一听王刚司令是他老朋友，便吓得缩回去了。为避免节外生枝，剧团不到演出合约期结束，便连夜开船离开了湖州。1945年，剧团回苏州休整，实际就是歇业。歇业期间，张幻尔曾在玄妙观、怡园设过摊（套泥娃娃）；在临顿路南显子巷口和兄弟开过兄弟菜饭店，因他为人讲义气，结果以亏本告终。

1945年，抗日战争胜利后，上海文艺复苏。当时，上海的唐笑飞、包一飞、程笑飞在天宫剧场演出，专演独脚戏与滑稽小戏，业务兴盛，号称"三飞"（唐笑飞、包一飞、程笑飞)。遗憾的是，后来因老是“炒冷饭”(剧目重复)，没有新戏上演，尽管大牌明星云集，他们的生意仍趋于清淡。而当初曾在上海演出过的张幻尔肚中却有很多剧目，他们特地派了代表到苏州盛情邀请张幻尔加盟。张幻尔带去的第一本戏就是《钱笃笤求雨》。演出时，张幻尔总演压轴戏，在《教礼》《团圆》两场戏中，他的精彩表演再次轰动了上海。同行中哪怕是响当当的角儿，观后也无不拍手称绝。当时，上海人称苏州人是“乡下人”。张幻尔这个“乡下人”，演技一流，噱头也是绝顶的。他平时喜欢穿一套黑色西装，故称他是“外国乡下人”(实际是夸他演艺超群)，这个绰号一直流传至今。

1946年8月，张幻尔重组璇宫剧团，经常在苏州金星大戏院、怡园夜花园、丽都戏院等场所轮换演出。演出剧目有《老板娘》(即《陆九皋》)和《济公活佛》《真假将军》《酒色财气》等。由于国民党统治腐败，物价飞涨，民不聊生，剧团于1948年4月再次解散。张幻尔赋闲在家。这时有不少剧团争抢他这个大牌去领衔演出，他都谢绝了。后来，在怡园老板王为公的盛情邀请下，他临时拉了一班人在怡园演出。

1949年4月，苏州解放。张幻尔再次组织璇宫人员在苏锡常一带演出。10月，为庆祝中华人民共和国成立，剧团在苏参加文艺界游园会，先后演出共八天，参演的有京剧、越剧、滑稽戏等剧种，观众约六万人次。1950年9月24日，张幻尔、张冶儿等组建的星艺通俗滑稽话剧团(以下简称“星艺剧团”）在常熟功德林剧场成立。后张治儿退出，张幻梦进团。1954年底，方笑笑、姚嬉笑等八位演员入团。1955年1月，剧团在省文化局及市文化局的领导下，进行了民间职业剧团登记，正式归属苏州市领导，从此剧团立足苏州。张幻尔在思想上要求进步，自觉靠拢党组织。数年中，他从不缺席，每天身背黄挎包，从城外石路大都会剧场步行至城内玄妙观东脚门学习，并自觉不演政务院所规定的禁演剧目，带头响应国家号召，如为配合《婚姻法》等的宣传，他创作的《家有喜事》在大都会剧场演出，连续客满半个月以上。这对当时通常每天换演一本戏的做法来说是历史性的突破。再如为配合“三反”“五反”运动，他创作的《糖衣炮弹》获1952年苏州市春节戏曲会演一等奖。他革除了剧团幕表制的陋习，实行剧本制演出方式。此时，张幻尔开始招收学生，自1950年至1952年共收门徒十二名，并以“尔”字给学生们命名。其中较为优秀的，以表演为代表的是王再尔（小幻尔）；以编导为代表的是陈继尔。他教导学生非常认真负责。他说：“你们来学滑稽戏，不是在台上乱出‘噱头’就行了。噱头只应是滑稽戏的手段而不是它的目的。创作噱头一定要从真实情况出发，要合情合理，要有一定的艺术性和思想性。”他告诫学生一定要看戏、看戏、再看戏。第一批学生就是自费在大都会剧场看了半年戏之后，他才答应收下的。他还说：“学艺如小学生学写字一样，先学描红，要一个字一个字端端正正、规规矩矩地描好，然后再临帖。等你把帖临得熟练了，有了悟性，自然就会成为一种‘体’，人们就会赞赏。只怕你描红都描不好，怎么可以临帖呢？更谈不上成‘体’了。”这就是学艺的诀窍。

1955年，以张幻尔为主集体创作的《苏州两公差》在上海正国戏院演出，场场爆满。当时，上海大公滑稽剧团（杨华生、张樵农、笑嘻嘻、沈一乐等为主演的大剧团）因为没有新剧目，濒临解散，他们前来求取《苏州两公差》剧本。张幻尔为了救兄弟剧团的急，无偿地把剧本给了他们。大公剧团根据演员特点，把剧本加以删改后演出，接连客满三个月以上，挽回了危局。

1957年12月10日至30日，剧团应邀参加江苏省文化局、江苏省文联和剧协江苏分会筹委会在南京联合主办的中国话剧运动五十周年纪念演出大会，张幻尔主演的《伪巡长》震动了全体与会者。他应江苏省话剧团、南京市话剧团、前线话剧团和参加纪念演出的来自全国各地的话剧表演艺术家、专家的邀请，在会中做了表演艺术的讲座。

《伪巡长》（即《小山东到上海》）原是20世纪40年代程笑亭的成名作。一般成名演员是不肯演人家的成名角色（行话“钻狗洞”）的，尤其是张幻尔。但为了演出需要，经过改编，文化局领导说服他主演伪巡长。他另辟蹊径，从生活出发，把程笑亭化妆的白面改为红脸（酒鬼），突出伪巡长的人物性格：为了升官，善于逢迎拍马；为了发财，棺材里也要伸手；对待劳动人民，穷凶极恶，敲骨吸髓；对待三教九流，狼狈为奸，坐地分赃。伪巡长貌似神通广大，实则下流愚蠢；看似神气活现，其实色厉内荏。张幻尔通过表演刻画出伪巡长这样一个典型的形象，令人信服。演出过后，张辉（著名话剧演员，后为江苏省文化厅副厅长）、周特生（创立了江苏省话剧院，为国家一级导演）撰文称赞他主演的伪巡长是令人难忘的艺术形象。

1958年，剧团以张幻尔为首创作现代滑稽戏《满意勿满意》，向建国十周年献礼。1959年1月，该剧参加江苏省第三届戏曲观摩演出大会，获优秀创作奖、演出奖，被誉为“江苏省戏剧之花”，并于1963年9月由张幻尔、费克、严恭改编，由长春电影制片厂摄制成喜剧故事片。1964年6月，电影在北京首映，由此奠定了苏州市滑稽剧团第一块里程碑。

张幻尔在舞台剧中和在银幕上创作及塑造了许多经典的角色，给观众留下了深刻的印象，如老娘舅马伯伯、二号服务员张师傅等。后来，他因病入院。住院期间，苏州市党政领导十分重视，指示医院给予精心护理。终因抢救无效，张幻尔于1965年6月病逝，享年54岁。他的逝世对滑稽戏事业来说是重大损失。一生中，他不仅经历了从文明戏到滑稽戏的转变过程，而且对滑稽戏的形成做出了重要贡献。在四十多年的舞台生涯中，他以特有的艺术风貌塑造了数十个不同性格的角色，至今为人们所称道，并被后辈艺人学习效仿。

1963年10月，拍完电影《满意不满意》后在电影摄影棚里留念

张幻尔和苏式滑稽戏

徐维新

张幻尔先生是苏式滑稽戏的创始人！

我这么说鉴于这样两点：第一，如果把20世纪初出现的新剧（曾一度被称作“文明戏”）这个载体看作现今仍然流行于江南的中国滑稽戏的源头，将新剧中的丑角表演和趣剧视作中国滑稽戏的发端，那么张幻尔先生无疑是中国滑稽戏的优秀开拓者，更是立足于苏州的滑稽戏的创始人！张先生在中国新剧发端十年的时候（1917年），已经在《西太后》中客串宣统皇帝一角，此后一直努力进行滑稽戏的实践、开拓与创新，贡献了毕生的精力。第二，张幻尔先生曾说：“滑稽戏是为笑而工作……出噱头一定要合情合理，要精练……噱头应该有一定的艺术性和思想性。”他毕生追求滑稽要有幽默感，要让观众在笑声中感悟人生并获得有益的启示。有人则把张先生的苏州滑稽戏描绘成“把人们领进了欢乐的广场后，又将人们引进了幽静的书房，叫人做一番冷静的思考，最终还能有所获益”。冷隽幽默，滑而有稽，寓理于戏，这些正是现今苏式滑稽的最佳体现，也是张幻尔先生毕生的艺术追求。

张幻尔先生和他的苏式滑稽戏在滑稽界有着极大的影响力。在滑稽领域以“快口”独树一帜、成功塑造了许多滑稽小人物形象的滑稽艺术家袁一灵尊张幻尔为大哥，主要就是因为他对待艺术一丝不苟，精益求精，卓有建树。在上海被誉为“滑稽泰斗”的姚慕双、周柏春伯仲，称赞张幻尔先生不仅谙熟滑稽艺术的创作和表演规律，而且通过探索，不断地给滑稽艺苑添植新的花枝。在苏式滑稽戏和张派艺术的传承上，不仅有张幻尔先生亲自培养、秉承张派传统的“尔”字辈滑稽艺术家群体，还有冲着苏式滑稽戏而来、在滑稽艺术上颇有创新的滑稽艺术家张克勤，在当今滑稽界堪称女滑稽“大姐大”的顾芗……苏式滑稽戏以它特有的魅力代代相传。

张幻尔先生创作或改编的苏式滑稽戏在滑稽界堪称典范，常演不衰。由弹词戏改编而成的苏州滑稽戏《钱笃笤求雨》经他打磨，并在20世纪40年代由他引入上海三飞剧团，从此该剧成了滑稽界的优秀保留剧目。1955年，以他为主创作，并以他的字（超）作为剧中主角名字（张超）的《苏州两公差》在上海公演，不久被上海大公滑稽剧团搬演，使该剧团摆脱了剧本枯竭、经济拮据的困境。此戏还成了滑稽界的保留剧目，久演不衰。1957年底，由他整理并演出的《伪巡长》（原名《小山东到上海》）应邀列入中国话剧运动五十周年纪念演出大会演出剧目。其间，他应邀为全国各地的话剧表演艺术家、专家做表演艺术讲座。以他为首在1958年创作的滑稽戏《满意勿满意》于

1963年由长春电影制片厂拍成了喜剧片……苏式滑稽戏显示了它强大的艺术张力！

愿“苏滑”人永续张幻尔先生的艺术精神，愿苏式滑稽戏再创辉煌，永葆青春！

2011年5月于上海

《满意勿满意》，左起：张幻尔、方笑笑、蔡桂芳、陆凡林

大师颂

——赞“冷面滑稽大师”张幻尔

小尔

滑稽大师，百年寿辰。
誉满艺坛，万人崇敬。
缅怀恩师，艺途艰辛。
水乡小巷，破茧润生。
小小惠儿①，登台亮相。
宣统小帝②，神采逼真。
再演“九皋”③，江湖闻名。
下海拜师，“啸天”④飞云。
幻影天儿⑤，飞翔远征。
首进上海，“八怪”⑥显神。
《疯狂魔王》⑦，轰动申城。

①张幻尔曾用名惠儿。

②张幻尔在文明戏《西太后》中饰宣统皇帝。

③张幻尔在《陆九皋》中饰陆九皋。

④张幻尔投师张啸天。

⑤张幻尔父亲张幻影在张幻尔拜师后，为他取名天儿。

⑥张幻尔与唐笑飞等八位名家（人称“八怪”）合演。

⑦张幻尔首进上海，带去打炮戏《疯狂魔王》。

再进沪地，“三飞”败阵[8]。
一曲求雨[9]，海上闻名。
笑极天地，饮誉百姓。
勾吴神地，结艺放声。
幻尔冶儿，搭档黄金。
一冷一热，江湖名震。
《糖衣炮弹》[10]，创新演新。
《家有喜事》[11]，东吴结亲。
公差张超[12]，调换金印。
献艺沪上，百演百盛。
笃笤求雨[13]，再现神灵。
护国军师，笑煞万人。
醉鬼巡长[14]，别具风韵。
《追捉》《盘问》[15]，出出传神。
会演省城，艺界钦敬。
幽默冷峻，演艺超群。

---

⑧程笑飞等“三飞”在天宫剧院因生意清淡，特邀张幻尔加入。

⑨张幻尔带去拿手好戏《钱笃笤求雨》，改名《人造原子雨》，演出盛况空前。

⑩《糖衣炮弹》获奖。

⑪《家有喜事》唱响苏城。

⑫《苏州两公差》轰动上海。

⑬《钱笃笤求雨》参加专区会演。

⑭《伪巡长》在中国话剧运动五十周年纪念演出大会上获文艺界盛赞。

⑮《追捉》《盘问》是《伪巡长》中的两场戏。

百出好戏，誉满苏城。

百个形象，万众笑盈。

一代笑匠，四海皆惊。

一曲满意，首创里程[16]。

艺坛百转，再拍电影。

抱病赴春[17]，影坛留音。

大师艺精，百艺一身。

东赛方朔[18]，西冠别林[19]。

恩师艺高，德艺双馨，

代代相传，张派精神。

风韵永在，艺范长存。

2011年5月15日于姑苏喜剧院

---

⑯《满意勿满意》是滑稽戏发展中的里程碑。

⑰张幻尔抱病去长春拍电影。

⑱方朔，指东方朔。

⑲别林，指卓别林。

张幻尔的人品、艺品

钱璎

今年是滑稽戏表演艺术家张幻尔诞辰一百周年，虽然他离开已经几十年了，但是他在舞台上塑造的一个又一个人物形象，依然存活在喜爱他的观众的记忆里。

他是苏州滑稽戏的奠基人、苏州市滑稽剧团的创始人之一。几十年来，苏州市滑稽剧团几代艺术家继承发展了张幻尔独特的表演艺术风格。戏曲工作者对他的表演艺术进行了记录和研究。遗憾的是有关他的思想作风、道德品格方面的资料记述不多。几十年过去了，有些事已经忘记了，有的事在记忆中也模糊了。这里，只能简要做些回忆。

张幻尔文化水平不高，但有高度的社会责任感和强烈的事业心。他自觉地认识到，演滑稽戏不应只是为了个人的生存，更应作为为人民群众创作出喜爱的剧目的一项艺术事业来对待。这种认识具体表现在他大胆创新的精神上，在长期的艺术实践中，他感悟到创新是戏曲艺术发展的动力和必然。他尊重传统又发展创新，他向前辈、同行学习。但他不墨守成规，即使是已经被观众认可的、已经定了型的艺术形象，他也要根据不同时代、不同人物的特点进行再创作。他连一个小噱头也不放过，不重复自己，更不重复别人。因而，在同行中就有了“张幻尔另有一功”的说法。

要创新，必须有丰富的资源。张幻尔重视生活，深入生活。一位老艺人回忆说：“有时，在一个地方演出结束后，剧团休假两天，让大家出外游览、参观、体验生活。他对现实生活有着敏锐的观察能力，擅于发现和总结各种人物的性格、神态、动作、生活习惯。他更擅于发现生活中的喜剧因素。他仔细观察，将这些素材存放在他记忆的‘仓库’里。所以，他在舞台上塑造的各种人物形象都来源于生活实际，都有生活中的原型，他觉得不真实的艺术，是缺乏感染力的。”

他创作态度严肃、认真，对待噱头他也要求要有思想性和艺术性，要有助于表现剧中人物性格的变化。有时，为了创作一个噱头，他总是反复思考，甚至废寝忘食。

在培养年青演员方面，张幻尔也有独到之处。苏州解放初期，剧团招收第一批学员，以“尔”字命名，在他们进团前，张幻尔决定让他们先看半年戏，以便了解滑稽戏，半年后，经过考试再决定是否录取，并且对他们说：“你们不要以为滑稽戏演员只要在舞台上随便做几个夸张的动作，挤眉弄眼，乱蹦乱跳，让观众发笑就行了。‘夸张’必须合情合理，要为塑造人物性格和剧情服务，正确运用‘夸张’，是滑稽戏演员的‘功力’。”又说：“笑，也要让观众笑得健康，笑得舒畅，笑得有意义，要想想后还要笑，这就是演员的真功夫，就是寓教于乐。”这批年青演员经过了长期的艺术实践，张幻尔对他们的特点非常了解，他根据剧团各艺术门类的需要，把握各人的具体情况分别进行培养。

张幻尔生活在旧社会，但他不屈服于恶霸强权，他爱憎分明，伸张正义。一位老艺人曾回忆：“新中国成立前，剧团常年在苏州、嘉兴、杭州农村的集镇演出。有时会碰到几个地痞流氓向剧团敲诈勒索，甚至还要侮辱女演员。这时，张幻尔总是挺身而出，与这些人周旋，并千方百计地保护女演员。”

新中国成立后，他热爱党，坚决贯彻党的文艺方针，更加深了对戏曲事业的热爱。

张幻尔既是杰出的滑稽戏表演艺术家，又是优秀的滑稽戏编剧和导演。他艰苦朴素，勤俭办团，是一位出色的剧团经营管理者。

为了苏州市滑稽剧团的持续发展，保持苏州滑稽戏的艺术特色，并进行大胆的艺术创造，必须继承发展张幻尔的表演艺术，学习张幻尔的人品、艺品，树立正确的艺术观，热爱滑稽戏事业。

在新的历史时期，相信苏州市滑稽剧团一定会继续创作出更多、更好的艺术作品奉献给人民，为文化大繁荣、大发展做出新的贡献！

2011年5月于苏州

《真假将军》，左起：叶霞珍、方笑笑、张幻尔、聂慈风

我记忆中的张幻尔先生

殷麟

幻尔、幻尔——我之前经常这样称呼他。他已经离开我四十六年了。今年是他诞辰一百周年，人们纪念他，我也不例外。苏州市滑稽剧团要我谈谈对他的印象，可我年事已高，体弱多病，时隔多年，有的想不起来了，就凭我能想起的写一些吧！我不常执笔，提起笔来，手直哆嗦，也不知道从哪儿下笔，还是从我下团当干部时开始吧，那是1958年。

我一下团就随剧团去上海天宫剧场演出，剧场在闹市区，在南京路西边路口，演的是《满意勿满意》，日夜两场，上座率很好。某天，夜场已散，演员们卸完妆在吃夜宵，突然人声鼎沸，叫喊声不断："着火了！着火了！"原来是离剧团不远处的一家商店起火了。窗外浓烟滚滚，火苗直蹿，接着来了多辆消防车救火。因为天宫剧场很小，又在三楼，演职员都惊恐万状，不知所措。这时，作为团长的张幻尔同志当机立断，大声说："同志们，镇静、镇静，不要乱，不要怕，赶快下楼到马路上去。"大家很快有序地下了楼。在数辆消防车的扑救下，火很快就灭了。张幻尔遇事总是临阵不乱、冷静自如，并且指挥果断。

我有几个上海电影制片厂的演员朋友，一次我约他们前来看戏，演员于明德、曹铎等说："太好了，戏好，剧场效果好，张幻尔演得更好。他在台上不瘟不火，松弛自如，像生活中的一样。这正是我们电影演员在镜头前要学的本领。"

某天，江苏省出版社来人，提出要为《满意勿满意》舞台剧拍连环画的小人书。大家都很高兴，分头准备，选镜头的选镜头，撰写说明的撰写说明。但之后发现有些镜头不适合在舞台上进行拍摄，张幻尔一拍胸脯说："我来想办法。"他出去了一上午，就联系到剧场对面爵禄饭店的某个房间，拍摄了小杨打翻面汤与梅英吵架的戏。他在店门口借了三轮车，拍摄了小杨乘车回家的戏。这都说明他联系群众，交际广泛。

由于《满意勿满意》在上海广受欢迎，一次，剧团被上海商业部门邀请到人民大舞台去演出。人民大舞台是上海一流的大剧场，有几千个座位，在那里演出的都是话剧、芭蕾舞、越剧的知名剧院、知名演员。我们去演过后，张幻尔说："想不到我们这小小的滑稽剧团也登上了这个大雅之堂。"同志们也都感到很光彩。

上海演出结束，剧团就于苏州、嘉兴、湖州码头巡回演出。第一站是德清，某天，张幻尔买了两支正宗的狼毫笔对我说："我从小读书少，字写不好。湖笔很出名，也很便宜，送你两支。"我很感激他，一直保存着。

一次德清某中学来人约剧团比赛踢足球，张幻尔欣然同意，说："青年人要多体育锻炼。"他像慈父似的关心着青年演员的艺术进步，还关心他们的身体健康。

在嘉兴演出时，我们抽空参观了烟雨楼和红船，张幻尔看了李大钊、瞿秋白等的照片，默默静思后，喃喃地说："这些共产党人，真不容易啊！抛头颅、洒热血，没有他们，哪有我们今天的好日子啊！"

接下来在乌镇演出，我们一起参观了茅盾故居，张幻尔感叹地说："想不到这么个小镇能出全国有名的知识分子，唉，自己的知识太少了！"

最后一站在杭州演出。某日，团里放假一天，让大家游览西湖。我与张幻尔等人先坐船游览了三潭印月，然后上岸徒步游苏堤，观看一株杨柳一株桃的盛景，之后还游览了花港流莺、柳浪闻莺、岳坟、花港观鱼、断桥、灵隐寺等景点。在岳坟，张幻尔向岳飞墓低头默哀，以示敬意，并对坟旁的秦桧夫妇像骂道："老奸贼，死有余辜！"说明他爱憎分明。游览结束回到剧团后，他兴高采烈地说："今天总算在'人间天堂'玩了一天，太舒服了！这都是共产党建立的新社会带给我们的。旧社会时，我也来过杭州演出，那时只顾挣吃饭钱，哪会想到玩啊！"在他心里处处都会产生新旧对比，只觉得感激党、感激新社会。

后来，我就调到局里工作了。

记得有一次局里召开创作会议，各剧团的团长、编剧、导演都来参加。我联系了市总工会的负责人，请他们介绍苏州市工厂、单位的先进人物、好人好事，向剧团提供素材，便于剧团选择。会议快结束时，张幻尔提出能否介绍些坏人坏事，大家都很愕然。事后，我问他为什么想要听坏人坏事。他说："把坏事反过来写，不就成了好事了吗！"原来这是他独特的创作方法，《满意勿满意》的成功，即是一例。

一次演出《烟花女子告阴状》，其中有《阎王殿》一场，殷桂英哭诉冤情，有两个皂隶一左一右，原来演出时都是画在布景上的，这次却由张幻尔的两个徒弟扮演。开幕后，殷桂英内喊冤出场，跪唱："初一月半庙门开，牛头马面分作两边排，伤心人儿来……"唱词有好几段，约十几分钟，而台上的皂隶一动不动。事后，才知这是张幻尔特意为了锻炼徒儿在台上要集中精神、不可懈怠而采用的方法。

《满意勿满意》是如何被长春电影制片厂选中，并被拍成电影的？传说是该厂厂长林杉来苏州看了该剧选中的，此说法有误。事情是这样的。林杉来到江苏是要选某个演员和选部适合的舞台剧改成电影，我受命去省文化厅陪同林杉选演员，未成。回来途中，我得悉林杉有选剧本的任务，就向他介绍"苏滑"的《满意勿满意》。林杉说："这个本子，我在你们文化厅已经看过了，一般，没啥意思。"我也就不提了。谁知晚上住在常州时，市滑稽团恰好在常州准备演出，我劝林杉去看看演出，林杉说："一路上乘船很累，早点歇着吧。"我知道看剧本和看剧场演出效果千差万别，错过这个村就没有这个店了，于是一再劝说、鼓动、推荐:“戏都送到家门口了,不看可惜。”林杉终于同意了。我立即赶到剧团与张幻尔商议,晚上改演《满意勿满意》。但因要将原来的戏台改造成《满意勿满意》的戏台很麻烦,多数人都不愿意改戏,前台也不同意改戏,因已卖出去不少晚场的票。这时,张幻尔说:“坚决改戏,卖出的原价退票。”大家虽有抱怨,但还是听从了张幻尔的决定。戏准时开演,由于换了戏,上座率只有七成,但表演极佳。林杉是北方人,听不懂苏州话,每逢观众有笑声都要问我啥意思,我当上了义务翻译。看完后,林杉问我:“这个戏,观众反映如此强烈,是剧本的故事好还是方言好?”我说:“两者都有。”第二天我回苏州,林杉去南京,各奔东西了。

约半个月后,局里接到长春电影制片厂来信,决定将该剧拍成电影,择日派导演来苏。大家听后非常高兴,要不是张幻尔的改戏决断,就错过了拍成电影的机会了。不久导演严恭来苏,在演员选择上过多地选用了常州滑稽团的人,大家议论纷纷,不服气、想不通。后来是凡一、钱璎、周良劝大家说:“还是从大局出发,苏州能有一个戏拍成电影,是了不起的事,是苏州对文化事业的贡献,不要在演员问题上与严恭闹僵了。”最后张幻尔说:“大家勿要计较了,听领导格话,勿会错格,我伲坚决服从。”后来全团与常州滑稽团合作得很好,这都是张幻尔的功劳。

不久,拍电影的酬劳寄来了。剧团分发给演职员,其中也有我的一份,并且是最高的。这是张幻尔的主意。我到剧团，聂慈风将钱给我，我不收，张幻尔说："这是你应得的，要不是你一再劝说林杉来看戏，哪有这钱呢？你是最大的功臣。"我坚决不收："这样做是我的工作，幻尔你不该出这个主意。"张幻尔见我批评了他，才将钱收回，平均分给了演职员。但他还是让人买了一支英雄牌钢笔并刻上了"拍《满意勿满意》电影纪念"几个字和一本笔记本送给我。

一次张幻尔拉住我，悄悄地问："殷麟同志，我能入党吗？"我说："能啊！只要你努力。"并介绍他看党章。不久，他又悄悄地问我："党章上说入党要有两个正式党员介绍，如果我能入党了，你能做我的入党介绍人吗？"我说："可以。"后来他见本团的孙纪根等人都入了党，很羡慕，对他们说："你们都入党了，进步很快，要带带我，我哪里做得勿对，要提醒我。"这些都说明了他对党的感情和要求入党的迫切性。

总之，我心中的张幻尔对待工作严肃认真，对待艺术精益求精，对待徒弟关爱有加，衷心地热爱党，服从党的领导，听党的话，跟党走，并以身作则。遗憾的是他走得太早了！幻尔，老友！再一次向你问候，并祝贺你百岁寿诞！

2011年5月于镇江

《僧道无缘》，张幻尔（左）、张治儿（右）

忆幻尔

殷麟

其一

名家张幻尔,
百岁诞辰,
生前挚友常思念,
共忆粉墨编导演,
活灵活现。
往事数十年,
感慨万千,
痛恨病魔忒凶狠,
太早逼君赴黄泉,
遗憾连连。

其二

鳏居镇江,
陋室独思。
难忘姑苏,
挚友幻尔。

为人诚实，
追求进步。
听党的话，
跟着党走，
各项工作均带头。
舞台上，
则大显身手。
编演剧目，
生活气息浓厚。
观众喜爱，
同行认可。
略列一二：
糖衣炮弹，
家有喜事，
半斤八两，
笃笞求雨，
真假将军。
佳作满意勿满意，
拍成电影，
乃首屈一指，
万古存留。

2011年5月于镇江

怀念张幻尔老师

周艺凯

“冷面滑稽大师”张幻尔是一位杰出的滑稽戏表演艺术家。1953年，在他的关怀下，我有幸参加了他创办的星艺剧团（苏州市滑稽剧团前身），让我有机会学到了张幻尔老师许多高超的招笑技巧和超级噱头。我曾在“苏滑”的传统剧目与现代戏中担当主演或配角，如在《钦差大臣》中演过钦差与仆人，在《结婚进行曲》中演过商人章先生，在《酸甜苦辣》中演过军医，在《二孔明与三仙姑》中演过村干部，在《大家评理》中演过赵大兴，在《小山东到上海》中演过阿宝，在《裴迦》中演过裴迦等。在搭戏、配戏、排戏、演戏的过程中，我与张幻尔老师及“苏滑”前辈张幻梦、方笑笑、叶霞珍、蔡桂芳等一起体验了苏式滑稽戏的表演风格与特色，更体验到了张幻尔冷面幽默、冷极诙谐的张派表演艺术的精思妙蕴和吴文化的魅力。这是滑稽戏艺术最宝贵的财富，使我在以后的艺术实践中获益匪浅。时过五十余年，张幻尔老师塑造的许多完美的艺术形象和精彩情节仍深深地刻在我的脑海里，至今难忘。

当年，剧团计划去上海演出大型滑稽戏《大家评理》

（原作者：老舍先生）。张幻尔老师作为团长，亲自到上海去联系剧场。正国大戏院经理听到张幻尔的剧团要来沪演出，表示热烈欢迎。因为“张幻尔”这块招牌在上海是相当有号召力的，肯定卖座。但当他得知张幻尔老师自己在剧中没有角色时，要求他一定要亲自登台。为了完成剧团的演出计划，张幻尔老师只能答应剧场经理的要求。

当我听到这一消息时，心里纳闷：《大家评理》的内容是蛮不讲理的婆婆（蔡桂芳饰）与温柔软弱的儿媳（叶霞珍饰）闹矛盾，儿子（王双柏饰）成了“三夹板”。他扮演什么角色呢？我一直在等待答案！

距离去上海演出的日子越来越近，却一点也没有重新排练《大家评理》的迹象。直到第二天要动身去上海演出，还是毫无动静。

第二天到上海，看到“张幻尔”这块招牌高挂在剧场门口，一旁“客满”的牌子十分醒目，我真的看不懂了！

首场演出是夜场。开场前，演员们都集中在化妆间化妆，突然听到张幻尔老师对大家说：“今朝夜里演出，你们一切照旧，我演个‘群众’。”（剧中有多个“群众”，幻尔老师就成为其中之一。）

开场后，我始终站在舞台旁边观看演出，这个加出来的“群众”，竟然是全剧最滑稽的角色！观众笑声不断，掌声热烈。

张幻尔老师在不改动情节、结构的前提下，设计了一个剧本里没有的人物，他这个“群众”是一个法律意识淡薄又爱打抱不平的热心人，是一个能充分展现“冷面滑稽”特色的角色，机智灵活、妙语连珠，经常善意地讽刺、友好地批评他人。

这个“群众”出场总是见机行事，穿插在全剧之中。只要这个“群众”上场，剧场里就笑声不断。例如，有一场戏，地点是法庭。为了不影响原来的戏，他开幕就带着小女儿上场，法官问：“你有什么事？”他看着女儿答：“登记。”法官不解地说：“她这么小……”他说：“不小了，已经九岁了，（严肃地对小女儿）鼻涕揩脱！”观众大笑。接着，他说明为与老婆离婚，前来登记：“我们的婚姻是听从父母之命，硬凑合在一起的。多年来，一点点感情也没的。这个女人屋里样样事体都不管，六个小囡吵起来，她只当看勿见……”剧场里顿时暴发出阵阵笑声和掌声。这个加出来的角色，被成功地塑造成一个可亲可爱的滑稽戏艺术形象。不仅没有让人感到丝毫的刻意，这个人物鲜明的性格，更深化了全剧的主题思想，增加了全剧的喜剧效果。这充分体现了张幻尔老师集编、导、演于一身的艺术才华。

敬爱的张幻尔老师，我们永远怀念您！

2011年5月于上海

“尔”字辈

——张幻尔先生的学生们

弘尔

张幻尔先生自1949年8月至1951年初，先后招收学徒四批，共十二人。其中有集体拜师的，有按传统方式磕头拜师的，也有文化主管部门推荐拜师的。学生们都以“尔”字被命名，他们是王再尔、丁静尔、袁慕尔、朱宏尔、李效尔、沈似尔、陈继尔、徐影尔、王梦尔、杨勤尔、黄幼尔、陈磊尔等，统称“尔”字辈。

张幻尔先生给徒弟们的命名是经过深思熟虑的，也很有趣，视每个学生的形貌品性而定。如王再尔，他酷似先生；丁静尔，长得文静尔雅，是能演小生的；袁慕尔嗓音很好，能唱各种曲调，表演上冷面阴噱，颇有张派神韵。另外，似尔，类似张幻尔；继尔，继承张幻尔等。张幻尔先生为纪念父亲张幻影、叔父张幻梦，给两个学生取名徐影尔、王梦尔。

张幻尔先生对待学生非常严格，如接收的第一批学生王再尔、丁静尔、朱宏尔三人，不是提出拜师就接受他们的，而是对他们说：“你们要学戏，我们十分欢迎，不过学戏不是件容易的事，学戏既要能用功，又要能吃苦。”他们三人都表示愿意刻苦用功学戏。先生说："虽然你们有决心学戏，但现在不能立刻进团，先要在台下看半年戏。在这半年里可以吃白饭，但无工钱。半年后，经过试演、考试合格方能进团学戏。"就这样，他们三人在剧场里连看了半年戏，因那时戏的剧情短，每天日夜两场戏，有的戏反复看，他们将有些角色的台词背得滚瓜烂熟。虽然如此，他们在考试时还是会疙疙瘩瘩的，手足无措，不过基本都过了关，随即举行了隆重的拜师仪式。

"尔"字辈演员在杭嘉沪的观众、同行中颇有影响力。比如，似尔在杭州曲艺团演唱曲艺、独脚戏，深受观众喜爱。还有王再尔，他经常和张幻尔先生同台演戏，从不怯场。20世纪60年代后，因张幻尔先生经常患病，他扮演的所有角色都由王再尔接替，王再尔演得惟妙惟肖，不但形似而且神似，观众误认为他是张幻尔先生的儿子。后来，张幻尔先生干脆把王再尔的名字改为"小幻尔"，从此，"小幻尔"在江南走红。还有效尔，他从演员走向编剧，创作了现代滑稽戏《对象》与《苏州泥水匠》，后改名《屋顶奇缘》并被改编拍摄成喜剧影片，易名为《三十层楼上》，创造了苏州滑稽戏三上银幕的辉煌业绩。效尔还整理改编了传统滑稽戏——张幻尔先生的代表作《钱笃笤求雨》，誉满江南。再者是师弟陈继尔，他勤奋自学，能编、能导、能演，参与很多剧目的创作，如现代剧《满意勿满意》《勿是生意经》、传统剧《有钱就是爷》《空心汤团》《苏州二公差》等。他与褚铭、魏固合作编写的《小小得月楼》在江南演出，不但场场爆满，引起轰动，获得江苏省文化厅颁发的优秀剧目一等奖，还被上海电影制片厂摄制成电影，轰动全国。由于《小小得月楼》剧目的成功，苏州新开了得月楼菜馆，现已享誉全国。因“楼”得“戏”，因“戏”得“楼”，继而成为一段佳话。陈继尔师弟最难能可贵的是自发地搜集整理各种资料。自剧团成立至改革开放之前，剧团的档案资料可以说是一片空白。他早早地自觉收集一张一张说明书、剧照、简报，收集一本一本手抄本、剧本。他还从老朋友、老同行、老戏迷处收集戏单、剧评、老照片等资料，做了大量的工作。1988年，江苏省文化厅举办艺术展览会，剧团及陈继尔分别被评为先进集体和个人。

张幻尔亲自培育的“尔”字辈之花，既散发着张派表演艺术的芳香，又绽放着张派艺术在新时代中的芳华。苏式滑稽戏事业薪火相传，代代不息！

2011年5月25日 姑苏采香园

1957年9月4日，张幻尔师生于嘉兴南湖

张幻尔投师

苏尔

滑稽戏表演艺术家张幻尔出身于演艺之家。父亲张幻影是文明戏的前辈、大家，曾与新剧名家欧阳予倩等同台演出。叔父张幻梦也是文明戏的前辈、名家。

张幻尔自幼爱戏。1917年，苏州振兴新剧社在苏演新剧《西太后》（欧阳予倩演西太后），张幻尔在戏中客串宣统皇帝，动作潇洒，显露天赋，博得众人喝彩。后来他投师张啸天，艺名张天儿。1928年，业师张啸天在演出成名作《陆九皋》时突然患病，临时请张幻尔代演。张幻尔演得惟妙惟肖，从此一举成名。后来，他演艺越发精湛，塑造了一个个活生生的喜剧形象，并编创了一出出好戏，受到苏浙沪观众的盛赞和喜爱。

张幻尔是文武全才。他多才多艺，集编、导、演于一身。但他并非天才，他是经过勤奋苦练、投师拜友、孜孜不倦地努力才获得成功的。看他投师求艺的行迹，便可得知一二。

1932年，张幻尔首进上海就投师访友，邀请当时上海滑稽界八大笑星，人称“八怪”的朱翔飞、唐笑飞、包一飞、程笑飞、袁一灵、吕笑峰、杨笑峰、任咪咪共磋技艺，通力合作，各显才能，笑翻上海。打炮戏《疯狂魔王》风靡大上海，接着《陆九皋》《半斤八两》《面包侦探》《真假将军》等都红遍了上海滩。

1946年，张幻尔再进上海滩，与“三飞”（唐笑飞、包一飞、程笑飞）“大闹天宫”（在上海天宫剧场演出）。他带着拿手戏——苏州民间故事戏《钱笃笤求雨》（改名《人造原子雨》）与“三飞”同演，不负盛名，再次轰动申城。张幻尔常说：“三人行必有我师。我请‘三飞’同演，为的是加强票房号召力，我们共显才艺，相互学习，提高演艺质量，提升滑稽戏的知名度。”所以，后来他相继组织了王山樵、伍赛文等通俗明星来苏合演《家有喜事》，开明戏院里连连客满。他又邀请六大头牌滑稽戏明星——程笑亭、唐笑飞、吕笑峰、任咪咪、田丽丽、顾萍来苏州演出《红双喜》《小儿科》《钦差大臣》《小山东到上海》等戏。剧目连演数月，引起了苏城的轰动，赢得了观众的盛赞与喝彩。海派滑稽与苏派滑稽的大交流、大合作，使苏派滑稽艺术更臻成熟，更趋精致。

1950年9月24日，张幻尔组建星艺通俗滑稽话剧团（“苏滑”前身），他想到的第一位搭档是有父辈之交的好友张治儿。他三顾茅庐式地拜访家住东美巷的张治儿，并请出了知名旦角叶霞珍。从此，一个冷面、一个热面，一谐一庄的黄金搭档，演出了一部部好戏。在《半斤八两》中张治儿演庸医、张幻尔演裁缝，在《一对老混蛋》中张治儿演和尚、张幻尔演道士，笑话百出。

1955年，在市政府、市文化局的领导下，张幻尔主动进行民间职业剧团登记，靠拢组织。他思想进步，热爱党，积极参加市编导联谊会（属苏州市文联戏改部领导，研讨戏曲创新与改革）。数年中，他从不缺席，每天总是身背黄挎包，从城外石路大都会剧场步行至城内玄妙观东脚门学习，并自觉不演政务院所规定的禁演剧目。他还带头响应政府号召，为配合“三反”“五反”、《婚姻法》的宣传，创作并演出了《糖衣炮弹》《家有喜事》等现代新剧目，受到了观众的欢迎，并荣获市春节戏曲会演一等奖。

张幻尔在文化联谊会活动中结识了钱璎、凡一、杨正吾、顾笃璜、钱江、张翥、喜煌、潘伯英等市委宣传部、市文化局的领导、干部和苏州的编导们。他投师拜友，广泛吸取同行的新鲜养料，为提高滑稽戏的艺术水平和创作新的滑稽戏竭尽全力。他特邀钱江、顾笃璜、张翥、喜煌等赶排老舍先生的反映新旧社会变迁的《龙须沟》以及编排反特斗争戏《东海最前线》等。这些剧本在主题立意、人物造型、性格刻画、舞台处理、布景灯光上都大有提高，在苏城引起了轰动。接着，他又改编了老舍、赵树理等人的话剧名作《大家评理》《柳树井》《小二黑结婚》《血泪仇》等，以配合《婚姻法》等的宣传。之后他又邀请著名编导南薇、采伋、高原等来团改编《钦差大臣》《结婚进行曲》，将这些优秀作品引进滑稽戏中以提高滑稽戏的品位。

1955年，张幻尔邀请钱江等人商议新剧目的创作。他们常常在北局的万里小剧场与新都小剧场后台的小阁楼上，就着半斤黄酒、一包花生米，商议到天明。经过一次次通宵达旦，一句句经典台词、一幕幕新剧诞生了。钱江从华东戏曲会演中看到了一出闽剧《炼印》，张幻尔在牛角浜小书摊上淘来了一本小人书《双巡按的故事》。两人一拍即合，觅来了一个好的滑稽故事题材，立刻动手在昆山大戏院用半幕表制排练出来，三易其名后定为《苏州两公差》。该剧一上演就轰动了苏城、沪上，成了“苏滑”的打炮戏和保留剧目。上海大公滑稽剧团经营困难时想要搬演此剧，张幻尔无私地赠以剧本，解了兄弟剧团的燃眉之急。

1957年，剧团应江苏省纪念中国话剧运动五十周年演出之邀去宁献演。张幻尔又请来了钱江、张翥在浙江水乡码头上边演出边改戏：对桂英人物性格的把握，王魁负桂英的“负戏”开挖，鬼戏的尺度和如何滑稽戏化等。又如在排练加工《伪巡长》时，张幻尔将白面孔（烟鬼）改演为红面孔（酒鬼），原创了一出“醉戏”，使人物刻画更深入，性格更鲜明。以上的改创在进省展演时，均一举获得了成功。张派表演经验在江苏省文化艺术界中得到了同行的认可，并被同行研讨和学习。

1958年，江苏省举行现代戏会演，向建国十周年献礼。张幻尔把构思向宣传部、文化局汇报后，得到了领导凡一、钱璎、周良的支持、扶助，领导派了戏曲部殷麟下团抓戏。于是，张幻尔便带领学生继尔、效尔等人深入体验生活，去松鹤楼、近水台等饭店、面馆采访先进人物。他们一次次地深入体验，一次次地构思。钱璎等亲抓、亲听，有时还一起构思人物。不久，戏创作好了。钱璎还组织发动财贸系统的人来看戏、评戏，一起帮助改戏。在参加省里会演得奖后，张幻尔请来了省文化局艺术处处长金毅在南京集中改戏、排戏，再度对剧本进行修改和润色，使《满意勿满意》走向成熟，誉满全国。后来该剧又被拍摄成喜剧电影，获得了长春三十周年优秀影片大奖。在创作改编电影的过程中，凡一部长、钱璎局长等领导、顾问献策并参加了在开明大戏院二楼召开的电影剧本改编定稿会。凡一部长提出："要加强苏州园林、评弹、水乡、茶庄的苏州特色建设。"而这些参与策划组织，给予帮助的文化领导们，没有一个被写进戏单或广告，也没领过一分稿费。张幻尔常说："这些文化干部领导、专家是我的老师、好友，帮我进步、扶我提高、助我成长，是我的知己。"

1959年春节，我团在南京夫子庙剧场演出，张幻尔抱病登台。省文化局局长吴白匋亲临剧院来看望大家。张幻尔听闻，立即披衣穿鞋，从病床上起身走下楼来，紧握吴局长的手，深情致谢。吴局长要张幻尔多出好戏，张幻尔决心再创《满意勿满意》续篇。回到苏州，他就带着我又下基层体验，编出了歌颂先进人物、批判尔虞我诈行为的《勿是生意经》，该戏受到了观众们的一致欢迎。

时光流逝，情谊长存。凡一、钱璎奉令调离苏州，向还在病榻上的张幻尔告别，张幻尔拉着他俩的手，热泪盈眶，依依惜别。千言万语无从诉说他热爱党、热爱知己的情谊。张幻尔投师拜友、请专家、结交新文艺工作者，提高了滑稽戏的文化内涵，开创了苏派滑稽的新天地。我们今天要传承这种精神，让它代代相传、发扬光大，使苏州滑稽戏再创辉煌，走向灿烂的明天！

2011年5月10日于姑苏喜剧院

《苏州两公差》中，张幻尔饰公差张超

缅怀恩师

——纪念张幻尔先生一百周年诞辰

陈继尔

杰出的滑稽戏表演艺术家，苏州滑稽戏的奠基人，苏派滑稽的创始人、践行者，幽默大师，我的业师、恩师——张幻尔，今年是他一百周年诞辰！他离开我们也有近半个世纪了！但“苏滑”人都会时时思念他、缅怀他！

20世纪50年代初，星艺剧团（“苏滑”前身）在阊门外石路鸭蛋桥畔的丁家巷内的大都会剧场演出，一天一本滑稽戏，笑声洋溢苏州城。十五岁的我随好友们一起进剧场看戏，看得上了瘾，成了“苏滑”的忠实粉丝。张幻尔老师的精彩表演刻画出一个个活生生的喜剧形象，如《轰天炮》中的傻三毛、《家有喜事》中的马伯伯、《半斤八两》中的老裁缝、《糖衣炮弹》中的张老板、《面包侦探》里的台维哈尔、《情天恨海》中的仆人阿贵、《小二黑结婚》中的二孔明、《老板娘》中的酒鬼陆九皋等。

张幻尔老师将角色演得惟妙惟肖、活灵活现，逗得观众笑声不断。少年时的我迷恋着绝妙的张派表演，痴爱着滑稽戏。演出间隙，张幻尔老师总是跑到大幕前与观众交流，讲一个笑话，赢得满堂笑声。一天，他在幕前讲：

"剧团要招练习生，培养新生一代。"第二天，我就写了信去，不久就来了回信要我去面试。那天我忐忑不安地走进后台，见到了张幻尔。他将我上下打量了一番，问了我姓名和是什么地方的人，和我攀谈了几句，就这样同意我下星期来团实习了。出门时，领我进去的冬梅阿姨对我说："张先生说：'这小囡，长得端正，聪明机灵，我们要了。'"一星期后，我怀着欣喜的心情跨进了剧团大门，日夜两场，天天看戏，记着笔记。在一旁候场的主演叶霞珍和邬丹萍两人悄悄地说："这学员看戏、学习真认真，还记笔记呢！"几星期后，我被正式通知入团了。我就这样在张幻尔老师的剧团里开始学戏了。我学戏、演戏，还跟先生搞创作、写幕表。

1957年秋天，秋高气爽，红枫映日，我们在浙江嘉兴南湖剧场拜师，点起大红烛，在红地毯上磕头拜师，留影于南湖烟雨楼。师父张幻尔给我取名——继尔。（老师的学生是"尔"字辈：再尔、效尔、慕尔、宏尔、似尔、影尔、幼尔等。）他为我取名继尔，希望我承继他的事业，可见老师的用心良苦。老师还赠我一支笔和一本日记本，要我好好学艺术、记艺事。我也就是这时开始养成记日记的习惯的，数十年如一日。

记得老师第一次带我们下乡巡回演出并深入体验生活，是在1957年春节后。我们游览了灵岩山，到木渎石家饭店吃饭。那天，石家饭店顾客满门，满堂飘香。我们想品尝一下石家鲃肺汤和三虾豆腐羹。哪知，遇到了一个一问三不知、态度十分不好的服务员，我们没有吃到名菜名点，反倒受了一肚子气！有顾客看见了老师就认出来了，嚷开道：“这是‘滑稽大王’张幻尔呀！你们看，这家店的墙上贴满了‘三好五满意’等的标语口号，我们却一点也不满意！你们编一个滑稽戏吧！”逗得大家哄堂大笑。

1958年，江苏省要举行现代戏会演，老师受生活的启发就想到要编一个反映服务行业的戏。于是，我们随老师在松鹤楼采访了全国劳模沈荣泉，他那全心全意为顾客服务的精神大大鼓舞了我们。我们再到近水台面店结识了一位由后进变成先进的服务员——杨友生，听了他打翻面汤与顾客闹到派出所里去的故事……一件件，一桩桩，到基层采集故事丰富了我们创作的题材。不久，我们就编创出了一个喜剧故事。老师说：“写戏，要凤头、豹尾、猪肚子。”就是要开好头，结好尾，当中要饱满。要写好“关目”，“关目”是全剧通顺之道，起、承、转、合全靠它。如传统戏《梁祝》中的《楼台会》《十八相送》、《十五贯》中的《访鼠测字》、《钱笃笤求雨》中的《求雨》等。“关目”写好了，就有好戏看了！比如，我们要让男女主角相遇，就设计了一场《园林相亲》戏，使男主角小杨窘态百出，女主角叶梅英尴尬万分。

先生还告诉我们：“写滑稽戏，何谓滑稽？（喜剧）要有滑稽情节、滑稽结构、滑稽人物性格，将这些串联构成滑稽故事。”一出戏要有大噱头、小噱头、热噱、冷噱、暗噱、连环噱，一旦引发就像地雷爆炸，连连作响，引起全场震撼，使人想想还要笑，回味无穷。滑稽戏还要各地方言，南腔北调。唱词中也要有滑稽性。再有，大小闭幕都要以喜剧化（笑料）收场，这样使观众笑得舒畅。写好滑稽戏，生活、积累、技巧都十分重要，要深入生活，广泛积累，精心提炼，深刻体验，对社会、人民要无比热爱。师父身体力行，教诲后辈，一趟趟生活体验、一次次创作实践，使我们长智开窍、受益匪浅。

1956年的春天，先生从北京观摩第一届全国话剧会演归来。他看了老舍的《西望长安》与文学名作《一仆二主》《万尼亚舅舅》等，这大大激发了他创作的热情。赶回苏州后，他就拉着我一起体验生活。我们去了齐门外的一个小小炭黑厂（全国先进典型集体）体验生活，采访创作。他不顾年迈体弱，与一身黑的工人们一起下食堂吃“黑花汤”（飘浮的黑灰吹进食堂内，一碗黄黄的蛋花汤立刻变成“黑花汤”），一起劳动、生活。几经周折，我们写出了《争取“麻烦”》的滑稽戏来！我说：“先生啊！我与你也一样在‘争取麻烦’啊！”我们去古旧书店、古玩店，学做生意经，为的是要写《勿是生意经》这本戏。我们两个不会做生意的文化人险些买了假古董，给人骗得亏了老本。为了写社会新风，我们去公社、食堂、社区、居委会，我们访劳模、做跑堂、代管家、带小孩……闹出了一连串的笑话，终于写出了歌颂“好管家”的时尚新风戏《想想好笑》。我们师徒两人在回来的路上一副劳累的狼狈相，想到采访中的众生相，我们俩也“想想好笑”。

清风明月本无价，师徒情深重千斤。岁月峥嵘，恩师情重，今日缅怀，生生梦牵，息息相念。

2011年4月25日于姑苏喜剧院

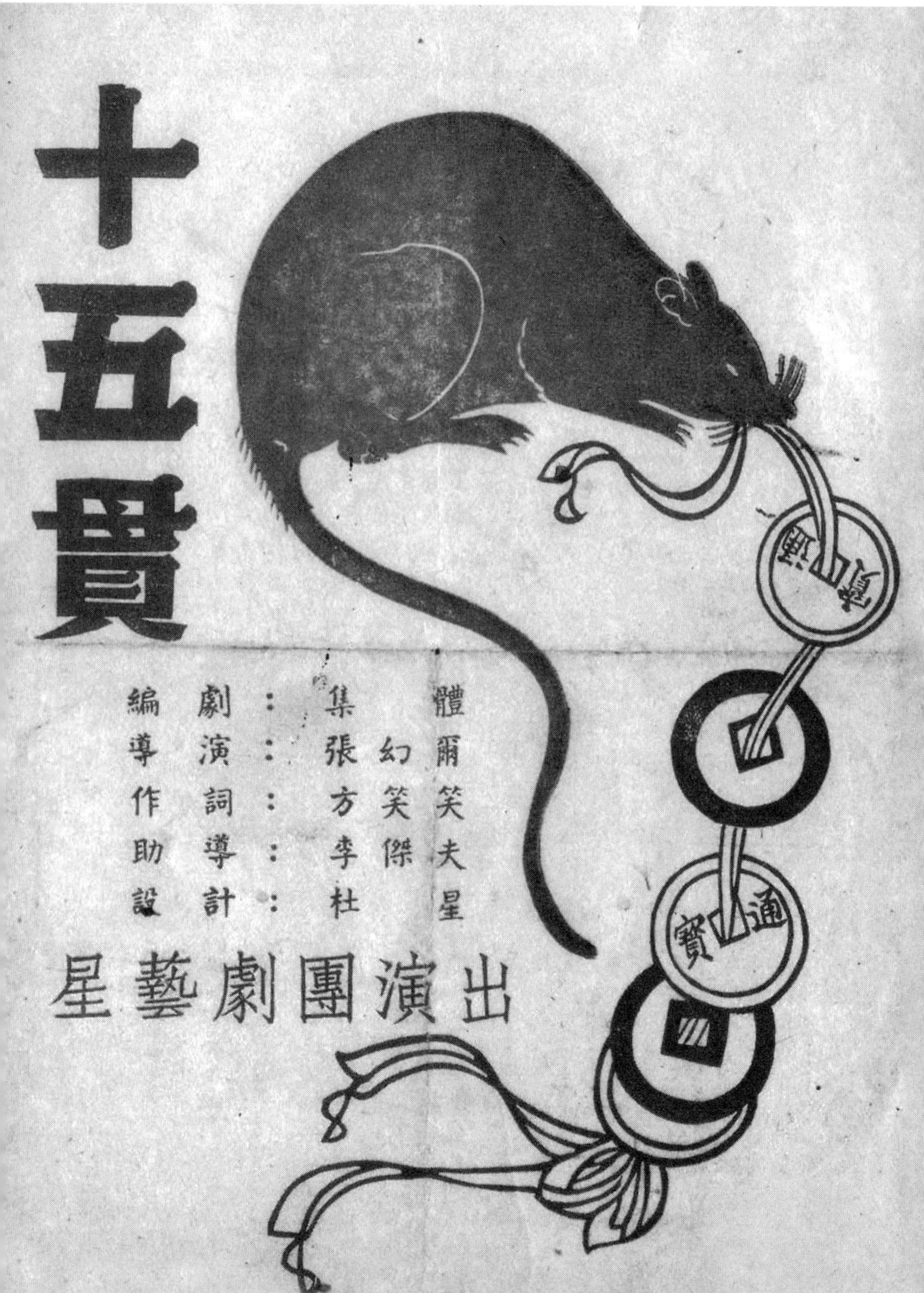

星艺剧团演出海报

怀念幻尔大哥

叶霞珍

今年是张幻尔诞辰一百周年，他已离开我们四十余年了！每当追思他，我都感怀无限，情牵大哥。峥嵘岁月，历历在目。我与他一起排戏、演戏，一幕幕鲜活的情境犹在眼前，一帧帧旧剧照留下了我们演艺的身影……

20世纪50年代初期，张幻尔要组建星艺剧团（“苏滑”前身），第一个想到的就是好友，也是父辈之交——滑稽笑匠张冶儿。他是滑稽界享有盛名的前辈演员，擅演呆派，以饰演天真顽童而闻名，号称“笑匠”，别称“东方朔”，与张幻尔父亲张幻影同台数年。他首创什锦滑稽歌剧，并创开年大戏《喜临门》及原创滑稽曲调四十余种，滑稽名家客串，轰动大上海。张幻尔处处寻访，三次登门，像拜会诸葛亮一样盛情邀请。两人见面后犹似亲兄弟一样商议着组建起剧团来。一搭一档，一说一唱，一个是热面滑稽，一个是冷面幽默，一谐一庄，珠联璧合，成了当时的黄金搭档。他俩拍下了第一张合影《僧道无缘》，一个扮和尚，一个饰道士，一个大眼睛，一个大光头，让人见了捧腹大笑。每当把这张合影挂在剧院的大门口，就引得观众进门并笑口大开。后在《半斤八两》中，冶儿演庸医，幻尔扮裁缝，都想儿女攀高亲，说尽谎话，尔虞我诈，“半斤八两”。还有《两代女招待》中，冶儿演父亲，幻尔演儿子，一对糊涂父子掷骰子、吵架，闹出一场好戏来。“冶儿”“幻尔”，字不同，而“儿”“尔”尾音相同，观众有时会因此而混淆，他俩却确实亲密无间，演出了不少精彩戏剧，声名鹊起，誉满艺坊。

当时，我随公公冶儿来“苏滑”，后幻尔大哥一定要我留下，担纲主演花旦，就此我与幻尔搭档演戏十余年，合演了不少好戏。如有：

《烟花女子告阴状》中的王魁与桂英；

《勿是生意经》中的患难夫妻；

《满意勿满意》中的娘舅与外甥女；

《真假将军》中的同学与朋友；

《钱笃笤求雨》中的钱笃笤与许四娘；

《伪巡长》中的伪巡长与王小妹；

《家有喜事》中的马伯伯与郝姑娘；

《想想好笑》中的公公与媳妇。

天天排戏、演戏，在苏州大都会剧场一天一本戏，天天换新戏。日戏演完了，我们就在舞台上讲戏、排戏，夜里就演出了。幻尔表演十分认真，讲究细、理。表情不对，表演不到位，台词错了，到戏结束了他都要一一指出，以求明天日场演出改正，决不放过一个细节和噱头。在大都会剧场，我们还创演了不少现代好戏，如《糖衣炮弹》《打虎队》《家有喜事》等。演完夜戏，我们就抓紧排戏、改戏，使新戏提高质量，争取观众的喜欢。《糖衣炮弹》在苏州现代戏会演中获了优秀奖，受到了领导的表彰并上了《新苏州报》头版头条。

在排戏、演戏的交流过程中，幻尔常教导我们要传承苏派文明戏的表演精髓："滑稽戏，要滑而有稽，寓戏于理，滑稽要幽默诙谐。演戏要真实、自然、朴素、纯情，不要矫揉造作，要求真求美，还演员本色。"他还对我说："当滑稽戏女演员不容易，不要做作，恶出噱头，恶形恶状。要向前辈李玲玲、蔡桂芳这两个文明戏出身的女演员学习，学习她们松弛自然、情真意切的表演风格。"

张幻尔对出噱头十分严格，不出硬噱头，不出恶噱头，不出无关人物性格的噱头，插科打诨要适可而止。游离剧情主题、脱离人物性格的野噱头不能要，庸俗黄色的噱头更不能要，这些会败坏滑稽戏的名声。他说："一幕戏里有三五个噱头就够了，一本戏里有一百个噱头观众也满意了！现在有人主张要三百个噱头，太多了！不要无节制地乱放，让观众倒了胃口。滑稽戏要使人笑后回味无穷。"

张幻尔的戏里，如果今天放了五十个噱头，明天肯定不会要五十一个噱头。他出噱头十分谨慎、节制。表演不瘟不火、分寸恰到，这成了他的风格。张幻尔的冷面滑稽是冷而不板、冷中有热、冷而有隽，不是千人一面，而是性格各异，形象独特，令人发笑并使人难忘的。

怀念大哥，思念无尽。他的精神是一份宝贵的财富。

我们要辈辈继承它、弘扬它，让“苏滑”的明天更加灿烂、再创辉煌！

2011年5月8日于苏州东美巷故居

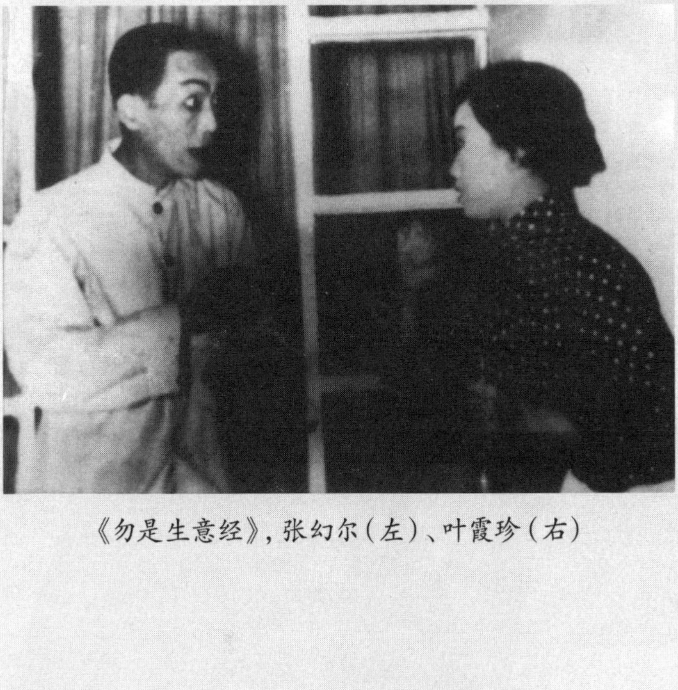

《勿是生意经》，张幻尔（左）、叶霞珍（右）

一冷一热
——张幻尔与方笑笑

学尔

张幻尔，人称“冷面滑稽大师”，冷而不板、冷极雅致。吴文化源远流长、底蕴深厚，为张幻尔风格的形成提供了丰富的资源。冷隽幽默、寓理于戏是苏式滑稽和张派精神的最佳体现，也是张幻尔毕生的追求。

请先看看他在滑稽戏中塑造的各类人物：

《苏州两公差》中爱打抱不平的公差张超；

《钱笃笤求雨》中幽默笃笤的钱子敬；

《伪巡长》中喜酒、胆小的巡长陶桃；

《半斤八两》中爱吹嘘的老裁缝；

《面包侦探》中的“假洋鬼子”台维哈尔；

《真假将军》中的真真假假“两面人”李德华；

《糖衣炮弹》中软硬兼施的张老板；

《家有喜事》中热心怕事的马伯伯；

《想想好笑》中爱管闲事的“样样管”；

《勿是生意经》中忠厚老实的商人张为利；

《龙须沟》中胆小怕事的程疯子；

《醉鬼王小毛》中嗜酒成性的王小毛；

《满意勿满意》中阴笃笃的服务员老张师傅；

……

他塑造的一个个角色、创作的一个个人物形象受到了观众的喜爱。人们称他为“冷面滑稽”，冷而不板、冷中有热。

再看看他为配戏、搭戏寻觅搭档的艺迹！

1932年，他首进上海，与唐笑飞、包一飞、程笑飞、袁一灵、吕笑峰等滑稽明星合作。这些明星是热面滑稽、潮流滑稽、时尚滑稽、说唱滑稽，热辣火爆和上场的一跳一唱把观众逗乐。因而他们一下子就把场子唱热了，先唱永安公司，再唱新新公司、神仙世界，把上海游艺场唱红了！唱的戏就是自编自导又让人出彩的《疯狂魔王》。

1946年，张幻尔再进上海，与“三飞”（唐笑飞、程笑飞、包一飞）合作，他们也都是热面滑稽。合作中，张幻尔与他们冷热相济，誉满沪上。张幻尔与“三飞”合作的戏是《钱笃笤求雨》。

1950年，张幻尔要筹建星艺剧团，第一个想到的合作者就是张冶儿。张冶儿擅演呆派滑稽，号称“滑稽笑匠”。他首创什锦滑稽歌剧。他的拿手戏是《喜临门》，并创曲四十多种，南腔北调、方言荟萃、滑稽连口，实际上也是热面滑稽。他与易方翔等人首编的《四大教歌》《四十大教歌》都是说说唱唱、场面热闹的风格。张幻尔与张冶儿的一冷一热、一庄一谐，可谓相得益彰、珠联璧合。如在《僧道无缘》中，他们一个演和尚，一个演道士，诡计用尽，两败俱伤。再比如《半斤八两》剧中，张治儿演庸医，张幻尔扮裁缝，一个热面，一个冷面，尔虞我诈，同样招笑。可惜合作时间不长，他们就分道扬镳了。

1955年，进团合演的热面滑稽方笑笑可谓与张幻尔合作时间最长、一冷一热的黄金搭档！方笑笑曾当过采芝斋学徒，后拜文明戏演员李明扬为师，搭档笑哈哈后开始演独脚戏。扬州《甘露寺》、江北《莲花落》是他的成名作。1953年后，他与陈鸿勋、姚嬉笑、龚一呆等组织新声滑稽剧团，编演的《田螺姑娘》《呆大烧香》等誉满苏城。方笑笑是文武全才。他善演能编。他参与创作、改编的滑稽戏有《汪知县抢亲》《借女冲喜》《糊涂状元》《太太作主》《警察与小偷》《人在福中不知福》《女状元》《苏州两公差》《满意勿满意》等。方笑笑塑造了《十五贯》中的娄阿鼠、《人在福中不知福》中的柳老爹、《钱笃笤求雨》中的钱笃笤、《汪知县抢亲》中的汪知县等一百多个人物形象，性格鲜明，自成一派。他在《烟花女子告阴状》中演阿二，他又运用唱、念、做、打各种技巧，使观众大开眼界。他又扮阴阳地保，自编贯口唱词百余句，一气呵成，赢得满堂喝彩。他在《满意勿满意》中自编演唱苏州景，口齿清晰、唱腔甜润、声情并茂，流传至今。在《人在福中不知福》中，他扮演的老阿爹的一段“怒责家培”唱腔入味，情绪激昂，情韵交融，在苏北巡演时，剧场内常常爆发出热烈的掌声，一曲迷倒了苏北万千观众。老苏州人都说：“看方笑笑的戏，唱得过瘾，乐得翻天！”

他进“苏滑”与张幻尔合作的第一本戏是《苏州两公差》，一个演公差，一个演知县，一个冷面，一个热面，配合默契，形成了一个个笑点。如公差假扮钦差坐堂审案，放走一个个受冤百姓，知县暴跳如雷又不敢发作……钦差曰：“江都市，你都看清楚了？”知县答：“看得清清楚楚，明明白白！”随后向观众嘀咕：“孙子王八蛋看清。”顿时，全场哄笑。张幻尔就允许方笑笑用这种插科打诨来调解全场气氛。再如，公差冷冷地摇着扇，要他下堂去太师府送请帖。江都市急得满头大汗，奔到太师府告状，剧场里暴发出阵阵笑声与掌声。这种一冷一热的戏剧处理，在张幻尔的表演中比比皆是，赢得了观众的赞许。

再如张幻尔与方笑笑合作演出的《警察与小偷》，方笑笑演警察，张幻尔演小偷。警察捉小偷、追小偷是一冷一热的两个形象：一个脾气火爆，怒发冲冠；一个冷冰冰、阴噱噱，有气无力。两者形成了强烈的反差，制造出一个个噱头，逗得全场观众笑声不断。

在《满意勿满意》一剧中，方笑笑饰演的三号服务员沈师傅热情待客，向顾客介绍苏州景、苏州菜肴，赢得了顾客热烈的掌声。而张幻尔演的二号老张师傅却是一副冷面孔，冷言冷语，摇摇扇子，用冷冰冰的态度对待顾客，因此，顾客也冷言相对。一个堂内两种态度，冷热分明，制造出了强烈的喜剧气氛。悲喜相交，冷热相济，虚实相生，调节了戏剧气氛，强化了喜剧效果，和润了噱头效果，达到了戏剧艺术追求的境界。

张幻尔、张冶儿、方笑笑等前辈留下的艺术精髓是滑稽戏的宝贵财富，取之不尽、用之不竭。我们一定要传承它、弘扬它，添薪续火，使之生生不息。

在今天纪念张幻尔诞辰一百周年的活动中，我们也同样怀念、感恩这位艺技超凡且为苏州滑稽戏做出巨大贡献的杰出的滑稽戏表演艺术家——方笑笑先生。愿他们的风范永存，与日同辉！

2011年5月25日于苏州喜剧院

张幻尔先生百年诞辰有感

依尔

今年是苏州滑稽戏的奠基者、大师级滑稽表演艺术家张幻尔先生的百年诞辰，凡是熟悉他的人和观众都会深切地怀念他。

回忆起半个多世纪前的年代，由先生领衔的苏州市滑稽剧团在上海天宫剧场首演《满意勿满意》时就引起上海滩的轰动，我亦慕名登楼观看，对先生幽默风趣、别具一格的艺术表演和方笑笑前辈纯正的苏滩唱腔产生了浓厚兴趣。（那时我已随父母从上海到江西，且已是省技工学校的学生。）返赣后，我心情久久不得平静，顿生弃学求艺的念头，于是就写了封信给张幻尔团长要求入门学艺。隔了一段时间，我高兴地收到了回信，我在得到母亲的同意并瞒着父亲的情况下直奔苏州，经考试后留团当学员。先生嘱咐我要多看戏（什么戏都要看），更要每个星期天到开明大戏院听时任苏州京剧团业务团长的张剑鸣先生（即“小盖叫天”）的讲课，这使我终身受益。直到先生献演《真假将军》时，王再尔、王晓凤等提醒我要认真细看这出先生最喜欢演的拿手好戏，并关照我在后台当先生换装时，要帮老人家脱衣裳、扣纽子、塞裤脚管。

先生在台上扮演文弱书生时温文尔雅，有京剧行当中小生的风采；一旦扮上将军，则具有京剧武花脸的架势。先生把迥然不同的人物的性格表演得淋漓尽致，令台下观众拍手叫绝。我在后台也看得如痴如醉，要不是晓凤师兄的提醒，我真会忘记塞裤脚管了。后来我才知道先生年轻时曾“玩过票”，怪不得他在舞台上演来竟如此驾轻就熟、风流潇洒，实在令人百看不厌，这让我更深一层地悟出先生要学生多看戏、要懂京剧的道理。

我在团里的时间不算太长。离团别师数十年，我业余时间每每对曲艺有所领悟之时，总感念先生的启蒙教诲。值此纪念的日子，我特撰此文，以表达我对张幻尔先生深深的缅怀。

2011年10月

向前辈张幻尔先生学习

顾芗　张克勤

今年是张幻尔先生诞辰一百周年，我们以万分崇敬的心情缅怀他、学习他，学习他创始的张派表演精神。

一方水土养一方人，一方水土也孕育一方花木。

历史悠久的吴文化在这片土地上培育了苏剧、昆曲、评弹三朵姊妹花，也滋育出了苏州滑稽戏这株光彩夺目的奇葩。当年的苏州滑稽戏名家有全才滑稽王无能，精神滑稽张冶儿，乞丐滑稽易方朔（因演唱乞丐戏成名），独脚戏滑稽钱无量、姚嘻笑、孙笑佛，说唱滑稽方笑笑，冷面滑稽张幻尔等。

据张幻尔先生的门生李效尔和陈继尔老师介绍，文明戏滑稽前辈张幻影就是张幻尔的父亲，以擅演马褂滑稽著名。张幻尔先生从小就随父亲跑码头、闯江湖，练就了一身本领。五岁时，有人把他抱上台演小皇帝，他演得有模有样，后拜师张啸天便初露头角。一次张啸天演出成名作《陆九皋》时突然患病，临时由张幻尔代演剧中陆九皋一角，他演得非常成功，自此一举成名。二十多岁时，他自组璇宫剧团。1942—1948年，他与上海滑稽名角朱翔飞、袁一灵、唐笑飞等合作演出《钱笃笤求雨》《真假将军》

《轰天炮》《王小毛》《半斤八两》《面包侦探》等，引起轰动，并获同行赞誉。当时，同行称他是“外国乡下人”。因为张幻尔不经常去上海演出，观众对他陌生，可是他的冷面阴噱可谓独具一格，不但观众要笑，连他的同行想想也要笑。上海滑稽同行袁一灵等都称张幻尔为大哥，称赞他博学多才、幽默诙谐、能编善导、精于表演。

张幻尔与张冶儿搭档一冷一热，珠联璧合。在滑稽戏《半斤八两》中，张冶儿演江湖郎中，为了女儿能攀高亲，冒充医学博士、医院院长；张幻尔扮演老裁缝，为了帮儿子结亲，假冒棉纱厂老板。两亲家见面互说大话，但处处露马脚，如谎称要院长开刀，老裁缝接话说：“用不着刀，我做台板上有剪刀！”一会儿说：“要缝它十几针！”一会儿说：“缝寿衣只要挑三针好哉！”当被问到江湖郎中要吃几道点心时，他立即回道：“有一道吃一道，统吃十三道。”笑话百出，最后被拆穿西洋镜，出尽洋相。

1950年，张幻尔与张冶儿等组织星艺剧团，创演了数百部传统与现代滑稽戏，成为苏州滑稽戏的奠基人，并创立了苏州滑稽戏冷峻幽默、爽甜润口、滑而有稽、寓理于戏的独特风格。

张幻尔先生在几十年的滑稽舞台生涯中塑造了数百个滑稽形象，个个栩栩如生，如《苏州两公差》中爱打抱不平的公差张超、《钱笃笤求雨》中的钱子敬、《半斤八两》中的老裁缝赵大、《伪巡长》中外强中干的伪巡长陶桃、《醉鬼王小毛》中糊涂的王小毛、《家有喜事》中的热心人马伯伯、《糖衣炮弹》中唯利是图的米行张老板、《满意勿满意》中热心过度的老娘舅与亲热过分的二号服务员老张、《山东马永贞》中的流氓跑龙套、《啼笑因缘》中的烟鬼沈三弦。1957年，江苏省举办中国话剧运动五十周年纪念演出大会，张幻尔应邀参演《伪巡长》。伪巡长一角原是上海滑稽名家程笑亭的成名角色，他的冷面阴险似乎已成定型，后起者都仿他的“白脸”模式表演，但张幻尔另辟蹊径，从现实主义表演出发，着重表现伪巡长的愚蠢无知、为虎作伥以及他外强中干、欺上压下的可憎面目。演出后，该剧引起江苏文艺界的震动，与会者无不称绝。著名导演周特生、演员张辉等撰文赞扬，省话剧团、前线话剧团等单位邀请张幻尔去做学术报告，进行交流传经，使得同行与舆论界对滑稽戏刮目相看。

张幻尔先生的表演遵循现实主义的原则，从生活出发，从人物性格出发，以丰富深厚的生活为基础，着重挖掘人物真实深刻的内心体验，从而演绎出鲜明生动的人物形象。他在深入生活的过程中，不仅体验内在的思想感情，还观察人物外在的特点，如动作、神态、语言等细节，并将其加以选择、提炼和创作。如伪巡长的角色是他在乌鹊桥经常看到一个一天到晚喝得醉醺醺、欺诈百姓、向上献媚的警察。他将这个人物的特点加以提炼、加工之后便创作出一个活脱脱的伪巡长来。他在塑造人物时会先在心里创作出人物的形象，把他的外貌、姿态、服饰都细细设计好。如他在演《满意勿满意》中的马伯伯时，就先从旧货店里借来老式马褂、长衫，从地摊上买来阔边老花眼镜，从外形神态上刻画这个人物，再从语言、音调、性格、脾气、动作上一一配套设计，从内到外，精心构造，走上舞台时就是一个鲜活的人物了。张先生强调要演人，先要熟悉人、了解人，演戏要演出活生生的人物形象来。他说：“要具有深刻的思想感情、充实的内在、鲜明的性格，根本就在于在艺术创造过程中要始终尊重生活，严格遵循从生活出发的创作原则。要具有坚定明确的生活信念，深刻丰富的经世阅历，学人演人的真情实感，真实、朴素、含蓄的艺术追求，求知好学的态度和深厚的文学素养，这些是造就一切艺术家的必由之路。”这是张先生教导我们学艺、做人的原话。张先生创立了“情、理、趣、味”“滑而有稽、寓理于戏”等一系列滑稽戏表演的经典理论，他强调滑稽戏一定要在笑声中塑造人物、表现性格，要俗中取雅；要注重整体喜剧结构，铺设喜剧情节，把握喜剧节奏，塑造好喜剧人物；要追求冷峻幽默的噱头，掌握分寸，不瘟不火，不搞“外插花”，不开“无轨电车”。数十年来，他在创作、表演中身体力行，一直遵循这样的原则，获得了行家与观众的一致好评，人称“冷面滑稽大师”。

张幻尔以冷面滑稽独树一帜，他表演中的精、气、神达到了出神入化的境界，让后辈们效学无尽。

我们在扮演滑稽戏传统保留剧目《钱笃笤求雨》中的钱子敬、许四娘等角色时，就遵循张先生的现实主义表演原则，从生活出发、从人物性格出发去塑造人物形象，刻画外部神态，感受角色的内心世界。如对许四娘这一角色的把握，既要表现出苏州女子的平凡、质朴与善良的特点，又要跳出市井妇人的框框，表现她的叛逆性格，所以通过她跳上求雨台求情、勇闯御花园救夫等一系列情节的呈现，表现了这一个江南女子多情又智勇的性格特点，为全剧添色。又如钱子敬一角，我们吸收张先生的表演风格，要刻画他的善良好客、机敏乖巧、妙舌巧言，有时却贪杯糊涂，因误揭皇榜而走上求雨台。表演时要虚虚实实，真真假假，一会儿嬉闹出格，一会儿深含激情，噱中寓情，悲中含泪，让同一人物在特定的环境中富有特定的性格，使喜剧人物催生出悲剧的特点，从而让人们得到感悟。

张幻尔先生的表演艺术像一条流动在水天堂的河流，我们后来人都要为它增添新鲜的流泉，使它更迷人。我们要继承张派表演艺术的精粹，弘扬苏州滑稽艺术的精神，贴近时代、贴近现实、贴近群众，努力打造时代和人民群众需要的艺术精品，为苏州滑稽戏走向明天再做贡献。

2011年5月于苏州

走近钱笃笤，走进苏式滑稽

张克勤

钟灵毓秀的苏州古城有着两千五百多年的历史，特定的风土人情形成了底蕴深厚的吴文化。在吴文化的滋养中，苏州孕育出了昆曲、评弹等非物质文化遗产，同时也熏染了滑稽戏的表演。在滑稽表演艺术家张幻尔、方笑笑等老前辈的努力开拓与创作实践中，苏州滑稽戏在滑稽界形成了独特的表演风格，最终创造了别具一格的苏式滑稽。

苏式滑稽表演讲究细腻、精致，表达人物的内心像园林长廊，迂回曲折、曲径通幽。苏式滑稽戏秉其灵气，广其文采，展示了它特有的审美情趣和娱乐风格。

张幻尔创立了“情、理、趣、味”的滑稽戏艺术表演范式。冷峻幽默、滑而有稽、俗中求雅、寓理于戏，成了苏式滑稽的特定风格。坚持内心体验和外部体现并重，通过高涨的情绪，松弛的表演，现实主义的逼真表现与适度的夸张、变形，展现了苏式滑稽的魅力。

我加盟苏州市滑稽剧团演苏式滑稽戏十余年了，经过舞台上的磨炼以及与同行们相互间的学习，使我对苏式滑稽有了进一步的认识和感悟。

一张照片

2002年春节，剧团喜剧中心与文广局、新闻媒体联合策划推出“苏滑”传统戏保留剧目《钱笃笤求雨》。剧团领导委我重任，让我出演该剧的主角钱笃笤，我在领命之际需抓紧进入角色。我在查阅旧档时，发现因为当时条件差，没能留下张幻尔先生的舞台录像等音像资料，仅在艺档室找到一张张先生瞪着一双大眼睛的剧照。所以我在排练时，一靠总导演王辉荃对钱笃笤人物的总体把握定位，二靠观看过张幻尔先生演出的老师、前辈，包括舞美人员，还有滑稽戏的老观众等的回忆和讲述，进行汇总后，兼收并蓄、博采众长，学来我用。

我每天回家以后，在桌子上放一张张幻尔先生瞪着一双大眼睛的照片。我坐在照片面前呆呆地看着他的形象默想，对汇集来的各位同行跟我讲过的当时演出的情况慢慢地回忆、思考、梳理，再对照剧本细细地摸索，感到还是应从钱笃笤这个人物形象着手。钱笃笤是个来自社会底层的小人物，以笃笤（算命卜卦）为生，最大的爱好是喝酒，因此没钱时就骗酒喝，能说会道、为人圆滑，是个地道的老江湖，但是他心地非常善良，没有害人之心。人物基调找准了，我想张先生这张瞪着一双大眼睛的照片，一定是钱笃笤在发急的时候所展现出的特定的模样，是传达人物感情最佳的外在表演形式。

瞪眼与闭眼

眼睛是表达心灵的窗户。瞪眼的反面就是闭眼，一直瞪着眼睛表演太累，闭着眼睛表演也不可能，无法跟台下观众以及其他演员交流。我想，钱笃笤爱喝酒，酒在肚里，事在心里，似醉非醉。所以我根据这个情况设计出了钱笃笤眯着眼睛，一副老酒鬼的样子。当然，钱笃笤在关键时刻、要紧关头，比如大喜大悲的时候，就要按照张幻尔先生的照片一样瞪着一双大眼睛。如府台大人说："再不下雨就要……"钱笃笤接："要烧哉！"此时钱笃笤就需要瞪着一双大眼睛。我从瞪眼中学习张幻尔表现人物喜怒哀乐的方法。

热点与冷点

滑稽戏表演，有热面、冷面等技巧之分。热面，不是一热到底，冷面也不能简单地认为是节奏放慢点、表演冷板点，要冷中有热、冷而不慢。我在排练《钱笃笤求雨》初期也走过一段弯路。当时钱笃笤出场，讲话的语调平稳、节奏缓慢，表演冷板。总导演王辉荃马上叫停，对我的表演进行分析、指正。因为根据我的表演经历，我适合跳跳蹦蹦的小滑稽路子，但是钱笃笤这一人物要表现得稳重、冷静、世故而又圆滑，我的表演的确要跟以前有较大的差别。要改掉以往的“动、快、急、灵”的风格，还是要从钱笃笤这一人物心理出发。我经过思考，寻找人物的发展变化和思想升华来表现钱笃笤的大起大落、大喜大悲，同时要把握好钱笃笤这个老江湖机智善良的一面，又要刻画出他幽默、诙谐的一面。如钱笃笤看见皇榜要落下来了，对差人讲：“大叔啊，看了你的面上，我来帮帮忙，帮你贴贴牢。”这表现出他善良的一面。再如钱笃笤在如果天不下雨就要被烧死的情况下，有一段唱腔：“烈日炎炎当头顶，晴空怎会降甘霖……”我在唱腔中有几个字特地设计了用沙嗓子发音，借用京剧大师周信芳的麟派表演，根据人物临死之前的反应和内心活动，唱腔激昂浑厚，表演声情并茂。经过这些实践，最终的演出达到了较好的效果。所以冷面也好，热面也罢，演员就是要演人物的内心发展，调动一切滑稽表演手段为塑造人物服务，这是滑稽戏演员必须具备的基本素质。

经过实践，我对滑稽戏表演有了以下几点体悟：

1. 必须宏观地控制、判断全剧的喜剧情势，调动观众的笑神经，努力打造时代笑点，这样滑稽戏才能与时俱进，才能创造滑稽的张力与时代效应。演时代戏需要，创造传统戏更需要抓住潮流滑稽的精神。

2. 一定要准确地表现出角色的心理，这样才能将人物演活，将人物形象刻画得更加深刻。如我在表演钱笃笤求雨时，走上断头台，借着酒醉的几声悲愤大笑直至大哭，这些设计淋漓尽致地表达了钱笃笤当时的心情，把情节推向了新的转折点，从而升华了全剧。

3. 要巧妙地运用外部体态来塑造人物，加强表演力度。例如钱笃笤出场时以醉步亮相，再加上捻须、睁眼，以此突出了一个活脱脱的醉鬼形象。《求雨》中的醉步更是出神入化，先是跳醉八仙，后又转到天鹅舞，翩翩起舞，引人入胜。巧妙的人物出场使观众进入兴奋点，顿时引得剧场观众暴笑如雷，达到了滑稽戏的高潮。

4. 在巧妙运动外部体态时，还必须灵活调动舞台节奏，用迅雷不及掩耳的爆发力，把观众推进沸腾的“爆笑场”。例如钱笃笤在《求雨》“统梳头”（念佛经）时，小苏州不断打断、插话，钱笃笤与小苏州从大争大吵到舞起《霸王别姬》里的剑舞时，观众为钱笃笤此时的特定动作（滑稽演员即兴的表演节奏与张力）忍俊不禁，从而将观众一次次引入笑的氛围，把戏再次推入高潮。一个滑稽戏演员要有“控制、运用、调动、创造”这种舞台节奏的能力与手段，这也是一个好的滑稽戏演员所必须具备的表演素质。

出演钱笃笤这一角色的过程，是我学习张幻尔先生表演艺术的过程，也是继承和发展苏式滑稽的过程。要把苏式滑稽的精髓保留下来，我们必须热爱苏式滑稽，走进吴文化，虚心学习，坚持不懈，不断进取，与时俱进。

2011年5月于苏州

《钱笃笤求雨》，顾芗（左）、张克勤（右）

"苏滑"走过五十年

钱璎

20世纪50年代，苏州市滑稽剧团创作演出的《满意勿满意》享誉全国，并被长春电影制片厂摄制成电影在全国放映。

20世纪80年代，剧团创作演出了《小小得月楼》，在参加江苏省1982年新剧目演出时被上海电影制片厂选中，该厂当场拍板要改摄成电影，该影片的拷贝发行量位列该厂1983年发行量之首。这期间，他们又创作演出了《屋顶奇缘》，也被长春电影制片厂摄制成电影，更名为《三十层楼上》。

20世纪90年代，"苏滑"创作演出了《店堂里的笑声》《快活的黄帽子》《小城故事多》等，均受到了观众的欢迎。随后他们创作演出了儿童滑稽戏《一二三，起步走》，在全国引起了轰动，斩获全国、省、市颁发的戏曲最高奖项。

五十年来，苏州市滑稽剧团创作演出了众多具有浓郁生活气息的好戏，并在剧中塑造了各种类型的人物形象，讴歌了新时代的人与事，唱出了时代的最强音。

五十年来，苏州市滑稽剧团拥有过张幻尔、方笑笑、张幻梦、蔡桂芳、叶霞珍等老一辈滑稽戏表演艺术家，还培养了“尔”字辈和顾月娥、陆辰生、杜家奇、计玉堂、殷雨官等滑稽戏优秀演员，他们不仅继承了老一辈艺术家的表演风格，而且在艺术实践中继续探索和发展了苏州滑稽戏特有的艺术风格，使滑稽戏艺术步入一个新的审美境界。近二十年来，剧团又涌现了德艺双馨的顾芗、梅花奖获得者张克勤以及章伟刚等优秀青年演员，他们努力把传统和时代精神相结合，在创作和演出上取得了丰硕的成果，苏州市滑稽剧团誉满全国。

2000年是苏州市滑稽剧团建团五十周年，这使我回忆起20世纪50年代初，在太监弄万利剧场，我观看他们（当时称星艺剧团）创作演出的现代戏《糖衣炮弹》的情景，这是我生平第一次看滑稽戏。后来，我又看了他们演出的几出新戏，发现他们的表演，尤其是张幻尔的表演，注重人物性格的刻画，从人物的性格中寻求笑料，从剧情的发展中挖掘笑料。张幻尔等优秀表演艺术家都是从文明戏的传统技艺基础上丰富发展了滑稽戏的表演艺术，从而形成个人独特的表演艺术风格的。

几十年来，我和他们共同经历了创作的艰辛，也共同享受了收获的愉悦，我被他们的艺术魅力所吸引。

20世纪80年代初，我离开了原来的工作岗位，于是我将自己定位为观众，仍然牵挂着滑稽戏艺术的发展。

在我离开工作岗位的这十几年中，我从四面八方听到、从报纸杂志上看到这个群体中发生了许多动人的故事。

故事之一：剧团领导班子调整后，他们接过老一辈创建的“苏滑”品牌，不断发展扩大品牌效应，想尽办法寻找演出市场，坚持演出，形成人人关心演出市场的风气。2000年5月，湛江已进入高温季节，剧团被安排在闷热破旧的小剧场演出，坐在剧场前排的观众清楚地看到演员的衣服被汗水浸湿，脸上的汗水直往下淌。就在大幕刚落下时，三个青年演员晕倒了。后台没有水，为了救人，剧场工作人员急忙将小卖部出售的汽水打开，往演员身上浇洒。病人急需送医院，却没有出租车，他们只得用三轮车载着病人往医院赶。送到医院后，经过抢救，病人醒过来了，他们关心的仍然是明天还有一场戏。医生惊叹道：“苏州市滑稽剧团的戏好，人也好！”第二天，剧团领导采取各种降温措施，使演出顺利完成。

故事之二：剧团在广州地区连续演了三个月，演员们都想家了，想回家休息，想回家处理孩子的入学问题，也有的念着妻子要生产了。团领导向大家宣布，演出结束后就回苏州。可是，就在演出的最后两天，徐州市发出邀请，请剧团从广州直接到徐州演出。这对于每个回家心切的人来讲，真是好像被淋了盆冷水。然而占领演出市场是多么困难啊！于是，由党内到党外，领导和演职员展开讨论，统一认识，决定为了集体利益，服从大局。当火车停靠在苏州站时，没有一个演职人员要求下车回家，党支部领导看在眼里，疼在心里。正在苏州办事的另一名支部领导也赶到徐州，与每一个人交流思想，稳定情绪。在徐州演出结束后，剧团又转往连云港，演出都结束后才返回苏州。

故事之三：剧团初到广州地区演出时，因人地生疏，领导担心观众不能接受滑稽戏，就向剧场建议组织一场义务演出，但剧场没有同意。于是，剧团领导就和附近的一所学校联系，邀请全校师生到剧场看戏，由剧团付给剧场租金二千元。演出效果很好，领导心里踏实了，因为戏是演给观众看的，是为观众演的，所以必须了解观众、尊重观众。

故事之四：在湛江地区，剧团曾到一所师范学校去演出。这地方很贫穷，有的学生因家庭经济困难，没有菜吃，只能经常吃白饭。剧团党支部了解到这个情况后，发动大家捐款，一会儿就收到了八千多元捐款。学校领导深受感动地说："你们不仅送戏到学校，也将文明之风送来了。"

说不尽、道不完，一个个真实的故事，构成了一幅幅图画展现在我面前。他们获得的奖项、荣誉不是天上掉下来的，也不是地上长出来的，是他们拼命干出来的、苦出来的、拼搏来的，是他们的心血和汗水凝聚起来的。他们坚持了党的优良传统和作风，也继承了剧团的好传统、好作风。

五十年来，尤其是改革开放以来，苏州市滑稽剧团经历了严峻的考验，走出困境，取得了社会效益和经济效益双丰收。1992年，剧团被评为全国文化工作先进集体。现在正值剧团建团五十周年，新"苏滑"人要认真总结、传承苏州滑稽戏艺术的经验，坚持正确的方向，努力繁荣和发展具有中国特色社会主义的新文化。愿苏州滑稽戏在戏曲百花园中开放得更加绚丽，给人们带来更多的快乐！

写于“苏滑”建团五十年之际

《满意勿满意》，陆凡林（左）、张幻尔（中）、叶霞珍（右）

在总结和研究中走向成熟

周良

第一次看苏州滑稽剧团的戏，是看《小山东到上海》，留下的印象不怎么好，觉得有点庸俗。第二次看滑稽戏，我已经进了文化局，看的是《烟花女子告阴状》。这是一个悲剧，形式上有若干特别之处，使我的印象有了改变。原来滑稽戏可以使人思考我们的戏剧观。这部滑稽戏笑中有泪，具有特别的欣赏趣味和强烈的感染力（剧场里不少人掉泪）。这些都值得研究。

为了纪念苏州市滑稽剧团建团五十周年，我建议剧团系统地总结一次过去，发扬过去的好作风、好传统，建立自觉的剧团团风和艺术风格。滑稽剧团有艰苦、朴实、勤俭的好传统、好作风。现在条件好了，用钱可以宽裕一点，但是仍应保持这种好作风，以丰补歉、居安思危。特别在艺术上，要讲实在，不能有虚假，不能搞浮夸。先要戏好，精益求精，再讲包装。形式大于内容，艺术上不会成功。戏不好，艺术上平庸，在包装上出噱头，即使能一时吸引观众，也只是“卖野人头”。

因为多年来很少接触剧团，我对过去的一些事情记不得了，现在的事情也大都不了解，但我知道剧团在经过

20世纪80年代初的恢复阶段后，有了很大的进展，取得了很大成绩，出了不少戏，有几个很精彩的戏受到广大观众欢迎，而且得了奖，得了大奖，这是很不容易的。说来也有点滑稽，现在确有这样的情况：得奖的作品，群众往往不要看、不要听或者看不到、听不到；群众要看的，看到的，得不到奖。而苏州市滑稽剧团都做到了，用现在的说法就是能够在“赛场”和市场上取得双赢。

还有一点建议：希望剧团重视并开展滑稽戏的研究工作。比起昆曲、评弹研究工作的状况，滑稽戏的研究工作更加薄弱和滞后。从20世纪50年代末开始，对于积累艺术资料，应该重视研究艺术的历史和规律时，先做的是苏昆和评弹。到20世纪80年代中期，剧团开始重视搜集研究资料，并成立了滑稽戏研究小组。在这方面，文联艺术指导委员会和剧协，在钱璎同志的倡导下做了不少工作。

滑稽戏的研究有和其他剧种相同、相通的问题，但也有不少滑稽戏独有的问题。比如，对于滑稽戏形成的界定，以及滑稽戏于何时形成，业界有不同的看法；对于滑稽戏是否有自己独特的音乐，大家也有不同的认识。而戏剧艺术如何应时代和群众的需求推陈出新，为新时代的观众服务，这是共同的课题。但是，滑稽戏如何革新仍有自己的特殊性。《满意勿满意》比较好地解决了表扬（“人人为我，我为人人”的思想）和讽刺（看不起服务员的落后思想）的问题，发挥了滑稽戏的艺术作用，才取得了成功。在当时的认识上有一种顾虑——不敢揭露和讽刺社会现象。滑稽戏需要深刻的揭露和有力的讽刺，要研究滑稽戏的特点和作用的特殊性，正确掌握揭露和讽刺的对象和分寸。

所以，我建议，苏州市的戏剧工作者，要在理论上研究并深入阐述滑稽戏的特点和特殊规律，更加自觉地致力于这个新兴剧种的艺术建设。这个研究还要注意到苏州市滑稽剧团的艺术特色，在整个滑稽戏界中保持并发扬苏州滑稽戏的特色，坚持苏式滑稽，即坚持苏州滑稽戏的特色。苏州有许多有特色的传统艺术，包括滑稽戏这个有苏州特色的剧种，在苏州的艺术花园中，滑稽戏是不可或缺的奇花异草，应该重视！

纪念“苏滑”建团五十周年所写

话说冷面滑稽

周秦

关于苏州滑稽戏，已经有许多人写文章对它的产生背景、发展过程和现实意义做了剖析探讨。然而有个问题迄今仍很少有人论及，那就是如何认识苏州滑稽戏的历史文化内涵。这个问题关系到苏州滑稽戏在中国戏曲史上的定位，关系到苏州滑稽戏在21世纪的发展，进而关系到该戏曲事业在新时代中的存活与振兴，这无疑值得我们用心去思考。

“滑稽”一词始见于《楚辞·卜居》篇，屈原的本意在于批评同僚的苟且圆滑，但词义却在江南水文化的影响下向诙谐、乐观、机敏的含义转变。此后百余年，司马迁著《史记》，特设《滑稽列传》一篇，为那些擅于以谈笑讽谏的人树碑立传。篇中所记述的公元前600年发生在江南楚国的一则故事引起了戏曲史家的浓厚兴趣，这就是“优孟衣冠”的故事，它向来被看作中国古典戏剧的开端。

当然，优孟的故事尚不能被认为是中国古典戏曲定型成熟的标志，戏曲学者们对此早已达成共识。“优孟衣冠”对于中国戏曲发展的深远影响在于它传达了一种精神，即一方面乐观诙谐，永不言败，另一方面关注生活，永不脱离现实。轻松娱乐中始终蕴含着强烈的现实性和时代感，这可以说是对于司马迁在公元前2世纪写《滑稽列传》时所概括的以谈笑讽谏的优孟精神的传承与发展。

滑稽可以说是传统戏曲的精神基调，但是戏曲界中的苏州滑稽戏却是20世纪上半叶在文明戏、独脚戏的基础上发展起来的。就艺术源流而言，文明戏是西洋话剧流入中国后的变种，而独脚戏则是以说唱为主的曲艺品种，大体上相当于用吴地方言表演的相声，二者都不属于通常意义上的戏曲。这曾使它一度陷于似戏非戏的尴尬境地而得不到戏曲界的认可，但这也赋予了它一般戏曲所不具备的新鲜活力和杂交优势，赋予它博采众长、为我所用的开放性格。滑稽戏音乐不受某种声腔格律的束缚，南腔北调，中外歌曲，流行什么唱什么。演员在场上视剧情和角色的需要，还常常作即兴式的发挥。与此同时，滑稽戏受西方写实艺术的影响，在一定程度上抛弃了传统戏曲虚拟化的风格特征，其表演完全摆脱了传统程式，自由夸张，机动灵活，更接近真实生活，也更利于呈现演员的个性和特长并博取观众的理解和共鸣。这使滑稽戏长久以来具有了为中国老百姓所熟悉并喜爱的民间戏曲的基本模样，从而理所当然地取得了跻身民间戏曲之林的资格，成为三百多种地方戏曲中的重要一员。

以轻松活泼、不拘一格的艺术风格呼唤传统戏曲精神，反映现实社会生活，这是滑稽戏与生俱来的剧种优势，也是五十年间几代苏州滑稽戏演员孜孜追求、不懈实践的方向。在一次新闻谈话节目中，有青年学生向顾芗提问：“对滑稽戏来说，娱乐性和艺术性哪个更重要？”顾芗的回答显然是经过深思熟虑的。她说，娱乐性和艺术性都重要，但前者必须以后者为基础，而二者又必须以思想为灵魂。只有这样，小至一部作品，大至一个剧种，才可能具有持久的生命力和广阔的发展前途。面对当今竞争激烈的演出市场，得观众者得天下，这早已成为演艺界的共识。但是，如何吸引观众，用什么样的手段去吸引观众，这却是一个常常引起争论的问题。回顾苏州滑稽剧团的艺术实践，比较《钱笃笤求雨》《满意勿满意》《快活的黄帽子》《一二三，起步走》等各个时期的代表作品，我们可以清晰地看到苏州滑稽戏的两大发展趋势：一是文学性的不断加强，从早先依靠传统滑稽套路和演员即兴连缀每场戏，即演即丢的幕表制，演变为精心创作排练，精心加工修改，一部戏演数百场甚至上千场的剧本制；二是艺术品位不断提升，从原本以滥用噱头、单纯搞笑为手段，以迎合小市民低俗情趣为宗旨的“小热昏”式的老牌滑稽，演变为注重情节结构、人物形象和主题思想，反映时代生活的正剧式的新型滑稽戏。历史证明，这样的转换是符合艺术生产和演出市场发展规律的，正是这样的转换奠定了苏州滑稽戏的基础。

谈到苏州滑稽戏的内在动力，曾在常州、无锡、上海等地工作、成名，最终却选择在苏州落户的著名滑稽戏演员张克勤感受尤为深切。他说，“苏滑”近年来的迅速崛起，就像16世纪时昆山腔在南戏诸大声腔并起的复杂局面中脱颖而出一样，起决定作用的是苏州丰厚的文化底蕴。苏州人优雅含蓄的文化性格体现为张幻尔的“冷面滑稽”，苏州人达观开朗的性格则为滑稽戏舞台奠定了健康亮丽的基调。在表演艺术上，年轻的滑稽戏人自觉向苏剧、评弹、昆曲汲取养料，提高品质，同时注意保持并弘扬优秀滑稽戏前辈歌哭咸宜、五味俱全的剧种优势，贴近社会生活，灌注时代精神，表现普通百姓的喜怒哀乐，从而最终使苏州滑稽戏在中国戏曲史上占有属于自己的重要一席。

纪念“苏滑”建团五十周年撰写

《满意勿满意》，张幻尔（左）、蔡桂芬（右）

苏州滑稽戏一百岁了

陈继尔

值此张幻尔先生一百周年诞辰之际，苏州滑稽戏也已走过了百年的历程。1905年，滑稽前辈徐半梅自日本毕业归国。1911年，由他率领的社会教育团与陆镜若的春柳社一同来到苏州，带来了文明新戏，也带来了一出出滑稽趣剧。在文明戏正剧开演之前先来一出开炉戏，用来热热场子，招引观众。

1909—1913年，徐半梅一连写了三十余出趣剧，如《鸣不平》《明盲目》《遗嘱》《狗趣》《谁先死》《约法三章》《兄弟争美》《嫉妒交换》《广告结婚》《公司》《父子同心》《入言拜堂》《蜡美人》《醉人之友》等。他还创作了许多滑稽题材的书籍，如《李阿毛外传》《烟灰老四》《人肉市场》《何必当初》《唐小姐》《新笑林》《调笑录》《笑话三千》等。1914年，这些趣剧在新民社每天演一出，一共演了一个多月，观众欢迎至极，由此开创了滑稽戏的先河。

徐半梅说，春柳社演文明新剧《黑奴吁天录》《巴黎茶花女》等，也演《文明人》那样的全本滑稽剧。《文明人》描写一个留学生归国以后，认为中国的一切都很腐旧，家庭和社会非欧化不可，于是把六十岁的老母送到幼稚园去读书，学ABC。他还到堂子里去教妓女们练哑铃，闹得十分有趣。这本戏因春柳社没有演滑稽戏的人才，演出效果并不好，后被具有滑稽天赋的文明戏演员汪优游一演而红。戏中，他一口气说完从上海游轮出发到欧洲沿途各码头的地名，掌声不绝，开创了滑稽戏的"贯口"。1911年10月辛亥革命后，苏州戏剧昌盛，滑稽笑剧更受欢迎。此时，苏州督军司令程德全为母亲做寿，想要热闹一番，特地请来了王无能去演滑稽独脚戏，笑声满寿堂。王无能演滑稽戏，大家赞赏他。日后，文明戏日渐衰落，观众变少，很多能演滑稽戏的文明戏演员都跑去演堂会的滑稽独脚戏，或者上电台拍滑稽片了。王无能自登广告演独脚戏，应征堂会，每次要十块大洋。（演滑稽戏的收入要比演文明戏的收入多好几倍。）王无能等在苏州演滑稽堂会大受欢迎，一班滑稽角色从此崭露头角，他们在文明戏中加入杂耍歌唱，插科打诨，招徕观众。如《安得海大闹龙舟》中的大杂唱、《孟姜女过关》中的大串唱、《郑元和》中的《四大教歌》……这些杂耍歌唱，逐渐形成了一出出滑稽什锦歌唱剧，风靡上海滩、苏州城、杭嘉湖码头，唱响了滑稽戏走向南方的前奏。一时，演文明戏的纷纷走上"江湖"，表演起滑稽戏来了。这就是人称"东方卓别林"的徐半梅原创起的昔日滑稽戏。

根据《苏州戏曲志》编著的《1910—1948年文明戏演变滑稽戏活动情况介绍》，简略阐述一下。

1915年，蒋有若、马清同组建的文明新剧社里有滑稽演员张利声、王呆公等，曾演出名剧《文明人》。

1915年3月，以张啸天（张幻尔业师）领衔的振兴新剧社演出趣剧《换空箱》等戏，滑稽演员陆啸梧、张幻影（张幻尔的父亲）等参演。张幻影、张利声、张则鸣，人称“滑稽三张”。

1917年1月，振兴新剧社成立于阊门外横马路春仙茶园，有滑稽演员吴一笑、张幻影等，演出趣剧《乔太守乱点鸳鸯谱》《河东狮吼》等。

1917年4月，振兴新剧社改称苏州民兴社，由顾雷音主持，有滑稽前辈徐半梅、钱化佛、吴一笑等参加演出趣剧《广告结婚》《妄想》《刘姥姥进大观园》等。王无能、张冶儿都参加演出。

1919年10月，王无能由沪来苏参加苏州民兴社，演出《济公活佛》。

1922年9月，王无能、张冶儿再度参加苏州民兴社，演出《绿窗无泪》等剧，并有张幻影等名家参加。

1925年起，滑稽话剧、滑稽什锦歌剧更是风靡一时，遍及苏浙沪。

1925—1926年，在苏州民兴新剧社，由文明戏前辈张幻影偕汪摩陀、林雍容、宋小天、顾雷音等推出《济公活佛》《描金凤》等滑稽什锦戏，演遍姑苏游艺场，受到苏城观众的欢迎。后又有宋痴僧等加入参演《描金凤》。人称“呆派滑稽”的张冶儿同时“杀”入民兴新剧场，献演了《三笑》《张文祥》《范高头》《包公》等好戏，以滑稽话剧、什锦歌剧等吸引了观众，引起了轰动。

1927年，民生社在遂园（慕家花园）首演《钱笃笤求雨》，由陆啸梧主演，顾雷音、顾梦奇、汪摩陀、沈呆笑等滑稽名家参演，后又在新乐园、拙政园连演《描金凤》十九本，盛况空前。

1930年1月，在苏州留园马路的蓬莱世界演出滑稽独脚戏，姚嬉笑、赖头元、盛乐乐、徐化佛、汪呆笑等参演。

1931年9月，蓬莱世界里的尤凤团专演趣剧。

1932年，张幻影之子、张啸天之徒张幻尔在上海组建侠义社，专演武打滑稽，演出剧目有《大闹三稚园》《火烧九曲桥》《武松与潘金莲》等。

1932年，苏州男女哈哈团在各游乐场专演趣剧，由魏景生、田咪咪、长江豆等组成。

1933年10月17日至12月20日，滑稽名家仲心笑、刘快乐、唐笑飞、吕笑峰、周血血、曹一疯、王啸云等在苏州大光明、开明大戏院演出《痛哭王无能》《追念丁怪怪》《王无能游地府》《活捉丁怪怪》《萧何月下追韩信》《摩登玉堂春》等。

1935年8月，方笑笑在苏州与笑哈哈合作演出独脚戏。

1936年，汤慧声参加苏声歌剧社，演唱“十景歌剧”，并在中山堂举行滑稽大会串。方笑笑、笑哈哈出演《苏三起解》，孙笑佛、厉悟痴演独脚戏。姚嬉笑、小春山、小呆呆出演《九曲桥》。

1936年2月，张冶儿等来苏州大光明戏院演出古装戏《周元招亲》《喜临门》《大教歌》《真假娘舅》等。

1937年，方笑笑、姚嬉笑、孙笑佛、厉悟痴、袁汉文、沈笑呆等在苏州组建七星团。后程笑飞、杨柳青参加演出。

1938年12月，张幻尔组织璇宫剧团，在北局书场演出《贵族千金》《济公传》等。

1941年，苏州怡园游乐场开幕，邀请方笑笑、王爱芳、袁一灵、笑咪咪、小翔飞、时笑芳、姚嬉笑、孙笑佛以及大娃娃、房笑吾、米一粟等北方滑稽演员演出独脚戏大会串。

1942年9月，汪笑笑、鲍乐乐、盛呆呆等人在苏州演出滑稽戏《翻门槛》《大闹明伦堂》《红毛僵尸》《火烧豆腐店》等，并首演《一碗饭》，轰动苏南。杨天笑、赵宝山后另组天宝剧团，继演《一碗饭》，红遍苏浙沪。

1946年4月，张幻尔领导星艺剧团在苏州金星大戏院、万里剧场、怡园夜花园等处演出滑稽戏《酒色财气》《风流将军》《老板娘》《一对老混蛋》等戏，合作演员有大娃娃、邹笑笑、笑咪咪等。

1947年10月，程笑亭组织的笑亭剧团在苏州丽都大戏院演出，剧目有《伪巡长与女间谍》《伪巡长打破翻戏党》《伪巡长与小山东》等，参加演出的著名滑稽演员有文彬彬、裴杨华、顾萍、林容雍、王悲儿等。

1948年6月，张冶儿与易方朔最后一次合作演出《四大教歌》《一时糊涂》《老蟹横行》《贱骨头》《喜临门》

等剧目。

据以上介绍可知，在20世纪20年代初期，文明戏逐渐演变为滑稽戏是以文明新剧社请来滑稽演员张利声、王呆公在苏演新编滑稽戏《文明人》开始的。那时还有张幻尔的业师、文明戏前辈张啸天领衔的警钟新剧社演出的《换空箱》等大本滑稽戏，以及吴一笑、张幻影的振兴新剧社在春仙茶园演出的大本滑稽戏《乔太守乱点鸳鸯谱》《河东狮吼》等。同时，张冶儿演大本滑稽戏《刘姥姥进大观园》，王无能演全本戏《济公活佛》。陆啸梧的民生社在苏州遂园演《钱笃笤求雨》，接着在新乐园、拙政园演《描金凤》连台本戏十九本，连演连盛，风靡姑苏城。

20世纪30年代初，明星辈出，创社组团，滑稽戏已经风靡江南了。

十里洋场，以独脚戏起家的海上滑稽三大家——王无能、刘春山、江笑笑组成五福团、江鲍团，后又与大众团、合作团、笑亭团、联合新艺团等组合。

苏州出现了七星团、星期团、哈哈团、璇宫团、天宝团、苏声团、新声团、星艺团等星团。社团蜂起之时，明星云集，滑稽戏层出不穷，如《驼子跌跟头》《猪八戒招亲》《上海阔小姐》《天下第一桥》《妓女与鸦片》《黄慧如与陆根荣》《三笑点秋香》《稀奇古怪》《咖啡西施》《糊涂爸爸》《阿囡笃爹》《海棠花》《枪毙戆三毛》《半斤八两》《两代女招待》《烟花女子告阴状》等。

原创的、文明戏改编的、戏曲本移植的等一本本优秀滑稽戏铺天盖地地出现，都为观众们所欢迎。

新老滑稽戏唱响中国大地，名扬苏城。老牌滑稽王无能、钱元量等明星的滑稽会串戏，在苏州开明大戏院打响；仲心笑、刘乐乐等明星的《滑稽空城计》演于苏城东方大戏院；陆啸悟、张幻影的《沈万三喜得聚宝盆》演于观东大戏院，一票难求；“潮流滑稽大家”刘春山、盛呆呆的拿手戏《热水袋》《滑稽碧落黄泉》轰动苏城；还有滑稽电影片《鸡鸭夫妻》在北局开明大戏院放映。

同时，苏州王无能偕上海汪笑笑等著名滑稽明星联合拍摄的滑稽笑片《到上海去》在苏州大光明放映。唐笑飞、吕笑峰、仲心笑、何双呆、朱翔飞、王笑云、姚嬉笑、孙笑佛、方笑笑、邹笑笑等新老滑稽艺人联袂出演，唱响苏州滑稽戏合奏曲，轰动了姑苏城，笑翻了东吴地。

文明戏的张幻尔自成一派，抢占苏州，巡演苏浙沪，几番“杀”进上海滩交流技艺，被誉为“冷面滑稽大师”“外国乡下人”。

在滑稽戏笑爆江南之际，张幻尔犹如一匹脱缰的“黑马”，冲出重围，独闯天下，驰骋江南！

1932年，张幻尔独闯大上海，与上海滑稽大牌朱翔飞、唐笑飞、包一飞、程笑飞、袁一灵、吕笑峰、杨笑峰、任咪咪等滑稽“八怪”合作，打炮戏是《疯狂魔王》，风靡了上海。他出演的《陆九皋》《半斤八两》《真假将军》《面包侦探》等滑稽戏也响遍申地。

1938年，张幻尔组建璇宫团，特邀滑稽明星筱咪咪、大娃娃，以敲敲打打的什锦京调滑稽戏热闹了北局书场青年会，新潮的机关布景连台本戏《济公活佛》盛演不衰，笑翻苏城。

1946年，张幻尔再赴上海，在上海天宫剧场与“三飞”（唐笑飞、包一飞、程笑飞）“大闹天宫”。他的《人造原子雨》就是姑苏民间传说戏《钱笃笤求雨》，又在沪上火爆，他四演钱笃笤，出尽笑料，噱翻沪地。张幻尔的压轴戏《钱笃笤求雨》中的精彩片段《教礼节》与《大团圆》，连唐笑飞、包一飞等行家看后都佩服地称他为“外国乡下人”。

1946年，张幻尔初建星艺剧团，抛出他的拿手戏《酒色财气》《风流将军》《老板娘》《一对老混蛋》等，演于苏州全星、万里、颐园、夜花园、唐花苑等游艺场，笑翻了姑苏城。

张幻尔二闯上海、三进苏城、四出江湖，独树起冷面滑稽旗帜，笑爆江南。

与此同时，方笑笑的新声团抢占苏州，抛出了《呆大烧香》《田螺姑娘》等笑翻天的滑稽戏，连演数月，姑苏城可谓“笑煞方笑笑”！杨天飞的天宝团凭借他的拿手好戏《一碗饭》《王瞎子》《李阿毛到上海》演遍江南，苏城大街小巷都竖起了“杨家旗”，犹如古代的杨家将闻名江南。

而冷面滑稽张幻尔却独树一帜，久战不败。他打出两张滑稽王牌（张幻尔、张治儿），一冷一热，一攻一守，一说一唱，冷面幽默，滑稽隽永，扯起星艺剧团的大旗，从常熟、无锡、苏州四周“杀”进城来！凭借扎实的滑稽班子，抛出了一出出拿手的滑稽好戏！《钱笃笤求雨》《半斤八两》《真假将军》《面包侦探》等赢得了万千观众，受到了百姓的追捧。打进了苏州的大都会剧场，每天两本戏，日夜两场，连演七个月，创下苏州演艺史上的纪录！《家有喜事》《虹庙弄》《毛头抢亲》《小二黑结婚》等滑稽戏成了苏州街头巷尾老百姓谈笑的话题。接着，张幻尔抛出原创的配合时政的滑稽戏《糖衣炮弹》（荣获苏州市第一届现代戏会演一等奖），“炸”响苏州，苏城各行各业的男女老少都来大都会剧场看滑稽戏，有单位组织的、有百姓自掏腰包买票的，该剧连演连满数月！

随着“苏滑”在苏州剧团的注册登记，“苏滑”在苏州立住了，被苏州市文化主管部门认可了！

灿烂的吴文化是苏州滑稽戏滋生的沃土。剧团除旧俗、创新潮，开创了一个又一个新的里程碑。新滑稽戏以一种百姓喜闻乐见的新型艺术形式呈现在东吴大地上，犹如东方一轮初升的朝阳！

2011年7月25日于苏州喜剧院

《满意勿满意》，张幻尔（左）、蔡桂芳（右）

张幻尔和他的《满意勿满意》

陈继尔

一方水土养一方人，苏州这块好地方滋生了江南奇葩——苏式滑稽。20世纪30年代，苏州滑稽界出了全才滑稽王无能，他以一曲《哭妙根笃爷》唱红了半个江南，成为滑稽界的一代祖师爷。到了20世纪50年代，又出了位江南怪才——滑稽戏表演艺术家张幻尔。他集编、导、演于一身，瘦个子、大眼睛，比卓别林精神，比王无能全能。他除了演《伪巡长》《钱笃笤求雨》《苏州两公差》等优秀传统剧目外，还创演了《满意勿满意》这样脍炙人口的优秀现代戏，被公认为一代滑稽大师。

四十岁以上的老观众对张幻尔并不陌生，但四十岁以下的观众并非都知道张幻尔。

张幻尔（1912—1965），字超，曾用艺名惠尔、小影、天儿、哈哈等，苏州人。他出身于文明戏演员家庭，父亲张幻影以擅演马褂滑稽著名，叔父张幻梦，人称“幽默笑匠”。他五岁时就被父亲抱上台，在《西太后》一剧中扮演宣统皇帝，那时他便显露出演戏的天赋。文明戏前辈张啸天见他有演戏天赋，便收他为门生，从此张幻尔走上了艺术之路……

1928—1932年，他随父辈、业师赴汉口、九江、庐山、青岛演出，因代演陆九皋一角崭露头角，继而成名。

1932—1942年，他参加钟社剧团，先后在上海永安公司、新新公司、神仙世界等处演出《十三妹》《大闹三雅园》《血溅狮子楼》等武戏，开创文明戏演武戏的新风。

1942—1949年，张幻尔组织璇宫剧团与著名笑星朱翔飞、唐笑飞、包一飞、程笑笑、袁一灵、任咪咪、吕笑峰、杨笑峰等名家合作，自编自导了《真假将军》《轰天炮》《半斤八两》《面包侦探》《王小毛》等好戏，他独创的风格日趋形成。

1950—1964年，张幻尔与张冶儿、张幻梦、方笑笑等人组建星艺通俗滑稽话剧团，后改名为苏州市滑稽剧团，演迹遍及苏浙沪，他以冷而不板、冷中有隽、阴中有阳、幽默诙谐的表演风格，开创了独树一帜的苏派滑稽戏。他创演的代表剧目有《伪巡长》《钱笃笤求雨》《苏州两公差》等传统剧目和《糖衣炮弹》《想想要笑》《不是生意经》《满意勿满意》等现代剧。这些都成了滑稽剧团久演不衰的保留剧目。他塑造的马伯伯、公差张超、陶巡长、张老板、王小毛、钱笃笤、程疯子等艺术形象给观众留下了深刻的印象。

他观察生活，呕心沥血地进行创作，并演活了一个个喜剧人物形象，为后人所效仿，同行称道。他创作的一部部优秀滑稽戏，为滑稽戏的发展树起了无数个里程碑。

追忆业师，无限哀思，我不由得想起了与他一起深入生活，创作他的代表作《满意勿满意》的一件趣事。

1957年的春天，张幻尔带我们这群刚出师的毛头小伙子于龙桥、藏书、胥口演出，后乘舟来到木渎灵岩山。我们不顾演出劳累，游览一番后兴趣盎然地来到山下木渎镇上的石家饭店，想要饱餐一顿，品尝石和尚亲自掌勺的三虾豆腐、红烧酱方和鲜美无比的石家鲃肺汤。我们进入石家饭店就被店里的美味菜肴吸引了，但见汤水清澈泛光，菜心碧绿，笋片晶莹，火腿艳红，斑鱼肝黄如琥珀……

当时，苏州商业系统正在全行业开展“五好六满意”的良好服务运动。石家饭店热热闹闹的市井景象和服务员满面春风的服务态度深深地感染了大家。但在楼下堂口有一个青年服务员却是一问三不知，引起了一些顾客的不满：“你们墙上挂的是‘五好六满意’，你的服务态度我们一点也不满意！”“我们吃吃鲃肺汤，吃得一包气！”有人见了张幻尔说道：“你是‘滑稽大王’，就请写个滑稽戏吧！到底满意勿满意？”《满意勿满意》的剧名就这样生动有趣地在这里诞生了。

我们先到近水台，后上松鹤楼，跑遍了苏州面馆酒楼，走访了无数个先进模范人物。我们跟班劳动、体验生活、拜师学艺、寻找典型，终于找到了饭店服务员的生活原型。两位师傅的生动事迹为我们的戏奠定了扎实的基础。

张幻尔和弟子们（李效尔、陈磊尔和我）日思夜想，精心编排，创作了生动的艺术形象，构思了引人入胜的故事情节，《满意勿满意》登上苏州舞台，一炮打响！该剧成为人人争看的好戏，轰动了苏城，倾倒了万千观众！

随后，该剧上南京、进北京，成为发表剧本，被制成连环画，入选《中国地方戏曲集成》，并屡屡获奖，历年上演不衰，遍及苏浙沪，上演三千余场，观众达数十万人次，成为家喻户晓的滑稽戏保留剧目。“排骨，也是肉！”这句脍炙人口的台词在街巷广为流传。1963年，张幻尔应邀与著名电影导演严恭及江苏著名作家费克合作。他们登上虎丘冷香阁，将该剧数易其稿制成喜剧电影，之后风靡全国。

有趣的是，该剧开拍的第一个镜头还是去了石家饭店，应了那位顾客的心愿。张幻尔披挂上阵，抱病去长春参演了剧中的老张师傅，就是那个嘴里常喊“亲爱的顾客们，你们好！”的“老油子”服务员。

张幻尔创演的《满意勿满意》为新中国滑稽戏的发展树起了一块新的里程碑。它是新时代、新风尚、新道德的时代记录。它从一个侧面反映出人与人之间新旧价值观念的矛盾、冲突与斗争！它在滑稽戏创作的道路上树起了一面旗帜！如果说，过去的滑稽戏只能通过描绘旧社会生活的画面（如《三毛学生意》《七十二家房客》等）来揭露黑暗与丑恶是属于批判现实主义的范畴，那么《满意勿满意》的出现就为滑稽戏注入了新的血液，有了新的现实主义因素，给滑稽戏带来了一系列新的研究课题。

因而，张幻尔和他的《满意勿满意》功不可没！可惜，张幻尔想再写个《满意勿满意》的续集已经来不及了！20

世纪80年代初，作为张幻尔的弟子，我与苏州著名作家褚铭、魏固一起创作了《满意勿满意》的姐妹篇——《小小得月楼》。可喜的是，在苏城北局太监弄内，一家“得月楼”菜馆因此剧而名扬四海……

张幻尔定然会含笑九泉了！

星艺剧团二周年纪念

“冷面滑稽大师”张幻尔

蓝无暇

“从小演戏像儿戏，少年演戏像瞎子，中年演戏像痴子，编编写写骗骗痴子搭呆子。”这段话是“冷面滑稽大师”张幻尔在接受社会主义改造和教育后，对自己从事喜剧行业的评价与概括，虽有自贬自嘲的成分，但也客观说明了旧社会里喜剧演员的真实情况。

五岁“小皇帝”，笑煞观众

1917年，苏州阊门外横马路春仙茶园热闹非凡，观众兴致勃勃地前来观看苏州振兴新剧社正在上演的文明戏《西太后》，由戏剧家欧阳予倩演西太后一角。剧中的小皇帝溥仪端坐在龙位上，那稚气的官腔、潇洒的动作博得了观众的喝彩。每次上场时，饰演皇帝的小演员都要沿着事先画好的路线走上台。有一次剧务把路线画斜了，没有画到座位边而是画到了台边。小演员沿着错误的路线走到台边，当他意识到走错时，他对着台下观众扮了一个怪相，顿时引起观众一片笑声与掌声。这位令人捧腹大笑的小演员，就是1912年9月出生于苏州戏剧世家的张幻尔。

张幻尔的父亲张幻影和叔父张幻梦，都是文明戏（俗称话剧）演员。张幻影原名张云伯，早年曾跟随当红影星胡蝶拍过电影，故取艺名为幻影，从此赴上海、湖北、山东等地演戏，也与上海著名的滑稽演员张冶儿、易方朔同台演出。张幻影擅演马褂滑稽，曾出演趣剧《换空箱》《乔太守乱点鸳鸯谱》《河东狮吼》，在业界有较高的声誉。特别是他在1925年出演的滑稽什锦戏《济公活佛》《描金凤》，演遍苏州游艺场，受到苏城观众的欢迎。张幻影与张利声、张则鸣合称“滑稽三张”，可见他在当时的滑稽界的地位。

张幻尔（1912—1965），原名张伯墉，曾用艺名惠尔、小影、天儿、哈哈、幻儿等。现在十七八岁的孩子还在父母跟前撒娇，可小幻尔五岁时就客串小皇帝，这是他人生第一次登台亮相，自此与滑稽艺术结下了不解之缘。在旧社会，戏子并无地位，经济收入也有限。或许是尝到其中的艰辛，张幻影并没有让儿子继承衣钵的想法，而是让他到顾绣庄做学徒，毕竟一旦经商成功就会改变家庭的经济状况。然而，由于家庭环境的潜移默化，张幻尔自小看惯了父亲、叔父他们的表演，艺术种子早已在心底生根发芽。他先做票友，后正式演戏。1925年，他在苏州民兴新剧社当小演员，出任主要角色，父亲艺名张幻影，儿子叫张幻尔再贴切不过了。

1927年，他拜号称文明戏“能派全才”的前辈艺人张啸天为师，艺名张天儿，开始了全新的艺术生涯。从此，少年张幻尔开始跟着父亲、师傅四处跑码头，在汉口、九江、庐山、青岛等舞台上初露头角。一天，张啸天出演其成名作《陆九皋》时突然病倒，张幻尔毛遂自荐，急忙救场。由于他平时勤奋好学，注意积累，悟性又高，所以将陆九皋演绎得惟妙惟肖，颇有乃师之风，一举成名。

《疯狂魔王》，走红上海滩

成名之后的张幻尔进军上海滩，他将《陆九皋》改编为《疯狂魔王》，在上海丽华大戏院、永安公司、神仙世界、新新公司等游乐场所演出，连演数月，赢得无数粉丝，可谓一炮打响。伴随"苏滑"走红沪上，张幻尔也声名鹊起，进入他艺术的形成与成熟期，先后创作了《小山东到上海》《七十二家房客》《三毛学生意》《火烧豆腐》《虹庙弄》《双珠凤》《棉纱线背倒石牌坊》等一部部滑稽戏。

20世纪30年代的上海，社团、明星云集，滑稽戏层出不穷。张幻尔先入钟社剧团，后独自组织侠义社，专演武打滑稽，上演了《大闹三稚园》《火烧九曲桥》《武松与潘金莲》等戏。同时他自编自演了拿手好戏《钱笃笞求雨)《半斤八两》《真假将军》《银行小姐》《醉鬼王小毛》《面包侦探》，这些戏笑翻了十里洋场。传统戏曲讲究“唱、念、做、打”四功，滑稽戏也要求演员练就“说、学、做、唱”四项基本功，这是滑稽演员塑造人物的技巧与抖包袱的手段。张幻尔逐渐形成了“情、理、趣、味”与冷峻幽默、滑而有稽、寓理于戏等苏式滑稽的表演风格。他认为滑稽戏主要在笑声中塑造人物，要有噱头。噱头就是要让人发笑，笑是滑稽戏的工具、武器。常见的噱头有连环噱、冷噱、热噱、暗噱、回味噱，还有一种被称为“插蜡烛”的噱头，往往用于角色的旁白，中国传统戏曲中的丑角也经常运用这种噱头。噱头并非无厘头，讲究戏情戏理，有助于展现人物性格的变化，并让观众在笑声中体味滑稽戏的思想性与艺术性。

张幻尔的表演风格属冷面，但冷中有热，以冷逗笑。他在《半斤八两》中饰演老裁缝赵大，为儿子小毛攀高亲，隐瞒裁缝的身份，冒充拥有七家棉纱厂的老板；搭档张冶儿出演的是为让女儿找个好婆家，假冒医学博士、医院院长的江湖郎中。两个亲家见面时尽说大话，尽露马脚，笑声不断，最后被拆穿西洋镜。最有趣的一个情节是老裁缝与妻子大吵大闹，场面非常热闹，他突然问妻子:“剪刀在哪里？”气氛顿时紧张，众人以为他要动武，谁料他又冷冷地冒出一句:“把它放好，拿在手里要闯祸的！”冷中有热，由惊而喜，台下哄笑一片，这种“肉里噱”表演既反映了演员的个性，又符合戏中人物的职业习惯与性格。顾笃璜先生认为够得上“冷面滑稽大师”称号的仅张幻尔一人。

艺术来自生活，又高于生活。张幻尔善于观察生活、捕捉细节，并将捕捉到的细节用于刻画人物。他在《伪巡长》中饰演外强中干的伪巡长陶桃，出场时嘴里衔根牙签，走起路来摇晃不稳，把一个利用职权吃白食的人物演得活灵活现。能成功塑造伪巡长一角，得益于张幻尔对一位住在乌鹊桥的旧社会警察的观察，此人嗜酒如命，在老百姓面前耀武扬威、敲诈勒索，其言行举止、神态表情等都被张幻尔拿来用于表演。

抗战胜利后，上海文艺复苏，张幻尔二度来申，带来了《钱笃笤求雨》，加盟天宫剧场的演出。为迎合上海观众猎奇的心理，他将《钱笃笤求雨》改为《人造原子雨》。该戏场场作为压轴戏，张幻尔以一流的演技与绝顶的噱头再次轰动上海滩。他喜欢一身黑色西装的打扮，被戏称为“外国乡下人”。这个绰号是观众对他高超的艺术水平的折服与夸赞。

台上的张幻尔塑造了一个个鲜活的人物形象，为观众带来了笑声；台下的他历经人生风雨，生活困苦。父亲张幻影在抗战期间过世，他返苏奔丧，对兄弟姐妹们说，有钱出钱，有力出力，他是个穷演戏的，拿不出钱，只好吃素念佛，并且蓄发辍演。为了生计，他与弟弟在临顿路南显子巷口开设了一爿饭店，专营猪油菜饭，夏天卖绿豆汤，还自制一种叫“冰玺酥”的甜食小点心。张幻尔并非生意人，为人又豪爽侠义，兄弟菜饭店终因亏本而关门。或许是为了纪念这次从商经历，张幻尔复出时，取“玺”字上半部，将原名中的“儿”改为“尔”，从此以“张幻尔”之名行走江湖，这是开设兄弟菜饭店的意外收获。

《满意勿满意》，轰动全国

作为从旧社会过来的艺人，张幻尔深深感到新中国翻天覆地的变化，特别是党和政府对他们艺人尊重有加。新时代、新社会、新面貌，涌现出了各式各样的新事物，张幻尔的创作热情日益高涨，以讴歌新气象、新精神、新生活。他创作了表现共产主义的《错进错出》、体现“除四害运动”的《从天而降》、反映服务行业的《满意勿满意》等三十个新剧目，这是他继《钱笃笤求雨》《半斤八两》《苏州两公差》《伪巡长》等优秀传统剧目之后的新作品。《苏州两公差》不仅演红了苏浙沪地区，而且让上海大公滑稽剧团起死回生。

他曾说：“喜剧过去大都演老戏，一个新闻出来，几个有经验的演员一搭，只是为了赶时髦。唱新闻，吃得开。”但现在，他完全采取了与以往不同的方式，深入生活、深入基层是他的基本功课。“大跃进”时期，他带领文化局组织的轻骑兵团深入钢铁工地，日夜在工地上演出。通过对社会的实践和观察，他创作了《炼铁先炼人》，荣获1958年全市现代剧会演优秀剧目奖。20世纪50年代，苏州服务行业开展“五好六满意”红旗竞赛，服务行业从业人员的态度顿时改观，但张幻尔有一次在饭店就餐时碰到一个态度不好、一问三不知的服务员，当张幻尔表示“勿满意”他们的态度时，服务员说“你满意了，我就不满意”。张幻尔敏感地捕捉到这是一个非常有意义的创作题材，于是带领演员深入松鹤楼、近水台等饭店，初步掌握了情况后就开始排练，但遇到了困难。有人认为：“这个剧目没有写头。”有的说：“没有情节，怎么编写呢？”大家觉得就“服务态度不好转变到好”这一句话，无法展开故事，无法排成一部戏。种种疑虑，使排练处于僵局状态。面对困难，张幻尔重拾信心，深入全市饮食店体验生活，搜集素材。演员们时不时客串服务员，跑堂吆喝，切身体会服务行业的工作，从而更好地把握人物心理。

张幻尔在《满意勿满意》中出演热心而好管闲事的老娘舅马伯伯，老马出场，眼睛一瞪，两道“八”字胡子（一副卓别林的样子）已逗得观众发笑，特别是当老马与阿三相遇时笑料百出，被拉破长衫马褂时翻倒在地的狼狈样子引得观众笑声连连。现代滑稽戏《满意勿满意》获得了各界人士的满意，在江苏省第三届戏曲观摩演出大会上荣获优秀创作奖、演出奖，并被誉为“江苏省戏剧之花”。之后该剧在各地演出，一年演出二百七十四场，观众达十七万人次以上，打破了喜剧剧目上演的历史纪录，被各大媒体广为宣传。这部滑稽戏同时受到了电影导演的青睐，1963年，长春电影制片厂将张幻尔、费克、严恭改编的《满意勿满意》搬上银幕，风靡全国。在这个喜剧故事片中，张幻尔扮演二号服务员老张师傅。

1959年，由张幻尔执笔的文学剧本《满意勿满意》发表在《江苏戏曲》上，这标志着滑稽戏从幕表制（每部戏只有分场提纲，没有剧本）转向有剧本，是滑稽戏史上的里程碑，标志着苏州滑稽戏进入了崭新的历史时期。而张幻尔在艺术上达到了炉火纯青的地步，形成了独特的表演风格。相声大师侯宝林曾对王染野说："张氏艺术真正做到了合理的夸张，能引起人健康的笑乐，堪称寓教于乐的典范，令人钦佩！"

成功的背后是辛勤的汗水。参与编写剧本的张幻尔的徒弟陈继尔回忆说："张老师广泛听取各方意见，大改十次，小改三十余次，仅剧本就改写了八次以上。《满意勿满意》是他对国庆十周年的献礼，是他为祖国、为人民送上的一份厚礼。"1960年，张幻尔还想创作《满意勿满意》的续集《吃亏不吃亏》，以人民商场等地的服务行业的故事为蓝本，他说："我要把脑子、嘴巴、手脚一起动起来，创作出优秀的剧目向建党四十周年献礼。"但终因身体的原因，他的想法没有实现。

"尔"辈成群，"苏滑"薪火相传

当我拜访陈继尔先生时，他说起了六十多年前的往事。1950年，小学毕业的陈继尔从外跨塘老家搬到在苏州火车站做副站长的哥哥处，准备到店里学生意。有一天，他与隔壁收旧货的袁姓小朋友一起到阊门外丁家巷的大都会剧场看张幻尔自编自演的滑稽戏《家有喜事》《糖衣炮弹》，不料一看就迷上了。当时，张幻尔与张冶儿、张幻梦、范丽娜、叶霞珍已成立了星艺剧团。有一天，剧中休息时，张幻尔在台上说："剧团要招练习生，培养新一代。"陈继尔回家后立即写信给他，两三天后就收到了张幻尔的回信，约他见面。见面那天一大早，陈继尔怀着兴奋又不安的心情来到剧团，接待他的倪春梅阿姨说张幻尔还未起床。张幻尔一见之下，觉得陈继尔长得端正清秀，样子聪明机灵，就让他到剧团实习。第二天，陈继尔就到戏院看戏、学戏，日夜两场，边看边记，边学边演。大都会剧场是陈继尔戏剧梦想的发源地，而那位倪阿姨后来成了他的岳母，人生的机缘巧合，真是一言难尽。

从1950年到1952年，张幻尔先后收过十二个学生，并根据他们的性格、长相等特征，为他们以"尔"字取名，再尔、继尔、静尔、慕尔、似尔、影尔、梦尔等，其中王再尔有"小幻尔"的雅称，因为他酷似张幻尔，凡张幻尔身体不适时均由他代替演出，神形兼备，常被人当作张幻尔的儿子。人们常说"教会了徒弟饿死了师傅"，但张幻尔毫无保留地将自己的经验教给年轻人，叮嘱他们不要追求低级庸俗的噱头，演戏先要打好根底。他有心培养了以王再尔为首的滑稽演员和以陈继尔为首的编导等一批人才，张幻尔演戏时的精气神、对艺术的执着令陈继尔等学生终生难忘。

“一人千面”是张幻尔的学生、朋友、同行们给他的评价。陈继尔说：“老师演什么像什么，那些见义勇为、慷慨激昂、玩世不恭、混迹江湖、巧嘴令舌等的角色，他演得无一不惟妙惟肖。”张幻尔一生创作了三百多个剧目，在苏州滑稽史上写下了厚重的篇章。“文革”结束后，文艺再次复苏。20世纪70年代末，陈继尔与褚铭、魏固创作《满意勿满意》的姐妹篇《小小得月楼》，延续了张幻尔生前编导《吃亏不吃亏》的梦想。1982年，《小小得月楼》在江南地区演出，场场爆满，社会反响热烈，获得了江苏省文化厅优秀剧目一等奖，第二年又被上海电影制片厂拍成电影，成为当年电影的票房之首。一部滑稽戏成就了一部电影，一部电影又成就了一个菜馆，电影引来了全国慕名而来的旅游者，他们痴痴地寻找得月楼。聪明的苏州人抓住商机，松鹤楼便有了姐妹楼——得月楼菜馆。艺术成了“催生婆”，“因戏得楼”成为姑苏艺坛与商界“联姻”的一段佳话，这是苏州滑稽戏的贡献。

薪火相传，“尔”字辈们继承了张幻尔的艺术风范，并培养了一批批优秀的青年演员，将“苏滑”推向一个又一个高峰。《三十层楼上》继《满意勿满意》《小小得月楼》之后，也被搬上了银幕。自20世纪90年代至今，《快活的黄帽子》《一二三，起步走》《青春跑道》《笑着和明天握手》《顾家姆妈》等大型滑稽戏两度荣获文华大奖、两度荣获国家舞台艺术精品工程十大精品剧目、三度荣获中国戏剧节优秀剧目奖、五次荣获中宣部精神文明建设五个一工程奖，还获得了文化和旅游部首届优秀保留剧目大奖。

顾芗、张克勤等一批中青年优秀演员多次荣获梅花奖、文华奖，他们与张幻尔、方笑笑、叶霞珍等老一辈艺术家一样，在滑稽界享有盛誉，这是苏州戏曲界的幸事，也是苏州文化强市的幸事。

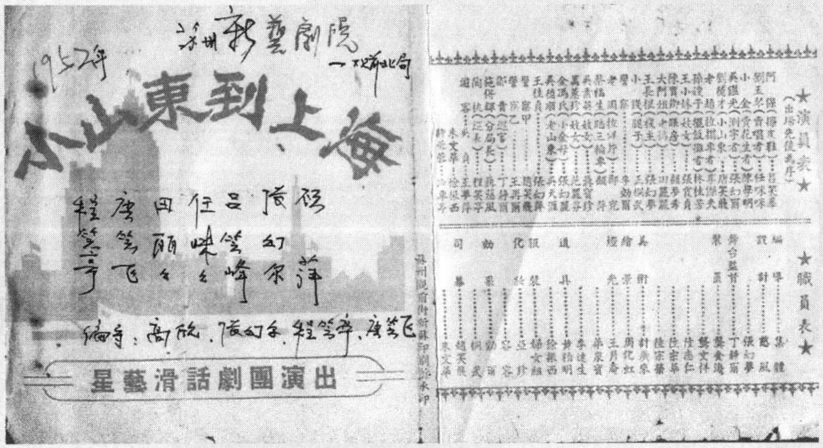
1952年
苏州新艺剧院
從山東到上海
星藝滑話劇團演出

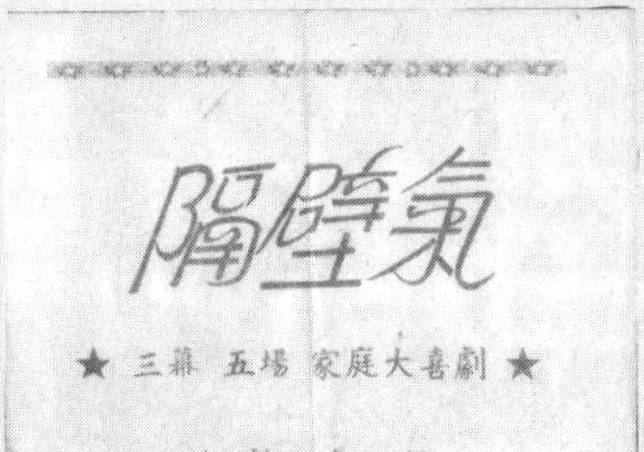
隔壁氣
★ 三幕 五場 家庭大喜劇 ★
編劇：嘯 桐
張幻爾領導
星藝劇團演出

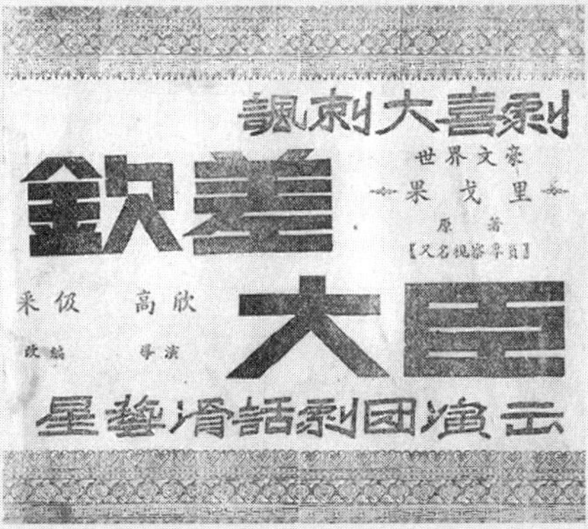
諷刺大喜劇
欽差大臣
世界文豪
果戈里
原著
星藝滑話劇团演出

演出海报